或 【原文】切换到朗读模式

 切换到注释模式

评 听对应点评

朗读模式：点【原文】听全文朗读，点正文听分句朗读。
注释模式：点角标听对应注释，点"＿＿＿"听单字、词解释。

张崇伟（正文朗读）

北京卫视气象主播 /《天气预报》节目主持人 / 北京市气象局气象科普宣传大使

百花录音棚

建于 1981 年，被誉为"中国摇滚乐的圣地"。曾经为唐朝、黑豹、指南针等著名
摇滚乐队提供录制服务。现在还拥有强大的配音团队，和央视等各大电视台合作，
为各类题材的影视动画配音、配乐。

怎样开启你的 TING 笔

 1. 如需使用TING笔，请如图示长按开 / 关键2秒直至
听到开机音乐。

 2. 用TING笔笔尖点击圆圈中心，你将听到一段音乐提示。
这段音乐提示在你每次阅读点击TING书的时候都会出现。

 3. 现在你就可以使用TING笔并体验惊喜啦！

 说明：购买TING笔，请登录TING笔门户网站：
http://www.ting-pen.com

Activate TING here !
点击这里激活TING!

关注公众号 购买 TING 笔
小 萌 童 书 公 众 号 二 维 码

童年读库

———— 中华传统文化经典 ————

笠翁对韵

[清]李渔 著　　王亚会 评注

江苏凤凰文艺出版社

JIANGSU PHOENIX LITERATURE AND
ART PUBLISHING, LTD

图书在版编目（CIP）数据

笠翁对韵/王亚会评注. --南京:江苏凤凰文艺出版社,2018.1
（童年读库·中华传统文化经典/周维强主编. 第1辑）
ISBN 978-7-5594-1439-7

Ⅰ.①笠… Ⅱ.①王… Ⅲ.①诗词格律－中国－启蒙读物 Ⅳ.①H194.1②I207.21

中国版本图书馆CIP数据核字(2017)第291579号

笠翁对韵 [清]李渔 著 王亚会 评注

选 题 策 划 小萌童书
责 任 编 辑 姚 丽
责 任 监 制 刘 巍 江伟明
美 术 编 辑 王金波
出 版 发 行 江苏凤凰文艺出版社
出版社地址 南京市中央路165号，邮编：210009
出版社网址 http://www.jswenyi.com
印 刷 北京利丰雅高长城印刷有限公司
开 本 170毫米×220毫米 1/16
字 数 387千字
印 张 36
版 次 2018年8月第1版，2018年8月第1次印刷
标 准 书 号 ISBN 978-7-5594-1439-7
定 价 208.00元（全四册）

总序

　　一个民族的文化，在漫长的历史过程里，总会逐渐积累起来一些比较固定的，为全民族所认同的文化传统，组成这个文化传统的基本要素，包括价值观、审美趣味、行为方式，等等。

　　一个民族的文化传统在形成过程中，也总会凝聚成一些经典的文本。这些文本，以文字的形式，对文化传统作出表述。这些经文字表述而形成的文本，总会对文化的传承起到促进作用。

　　一个民族的文化传统，也不会是在封闭的状态里形成的。历史的启示是，民族的文化传统往往会在各民族文化的大交流、大碰撞中，得到对自己更有益的养料。

　　自从大航海时代以来，全球化的文化交流一直是在加速度的发展之中。这样的大交流，也促进了民族文化传统的扩展、延伸和新生。

　　中华民族有文字记载的历史已有三千年。三千年来形成的文化传统和凝聚了文化传统的经典文本，辉耀史册。而近世以来，西风东渐，中外文化的大交流，促进了中华文化及其内涵更加丰富、深厚，推动了新的生机勃勃的文化经典的诞生。

　　传统是我们的根，这个根也是在不断延伸和生长的。我们在这个民族文化中的成员，应该了解我们的"根"，也应当了解在发展中的"根"，应当了解我们的"根"也不是一成不变的，以养成在今天这个"地球村"时代里一个"世界公民"所应有的修养、气度和怀抱。有鉴于此，我们发愿编辑这套"最美中华经典爱藏文库"。

　　这套文库的书目，既有古代历史上形成的经典读物，也包括了近世西风东渐以来产生的经典作家的作品。所谓"最美"，"最"不是排斥性的"唯一"的意思，而是一个"开放性"的"涵盖"。"美"，既包括内容，也包括形式。我们也衷心希望读者能向我们推荐认为值得纳入这套文库的书目。

海纳百川，有容乃大。

是所望焉。谨序。

周维强

2017 年春天

序

　　第一眼看到《笠翁对韵》这个书名，孩子们可能会感到疑惑：咦，这是什么意思呀？别急，其实，这本书一点也不像大家想象得那么难懂，相反，里面还蕴含着丰富又有趣的传统文化知识呢。

　　这本书的作者是清代的一位大学者，他的名字叫李渔，号笠翁，所以他写的书叫《笠翁对韵》。古代人喜欢写诗，为了让语言更美，他们喜欢用汉字来玩游戏，久而久之，在诗文创作上便形成了一种规矩，古人叫它"对偶"或者"对仗"，俗称"对对子"。古时候，只要小孩子刚刚开始识字，就会有老师来教对对子的各种技巧，目的是为了让他练好写诗作文的基本功。这就像我们在读故事之前，必须先学会汉语拼音，先学认一些基本的汉字一样。掌握了这些基本技巧，才算达到了写诗的入门级水平。

　　李渔这本《笠翁对韵》，按韵部编排，分上、下两卷，每卷十五个韵部，共三十个韵部。韵部是将不同韵母的字整合在一起，选出有代表性的字作为这个集合的名称，于是就有了书中"一东""二冬""三江""四支"等韵目。以"一东"为例，"东"是这个韵部的代表字，"一东"就是汇集了韵母为"ong"的汉字。每个韵部下面又有三段数量相同、长短相同的对句，从单字对到二字对、三字对、五字对、七字对、十一字对等，整本书共有九十段这样的对句。内容涵盖了生活中的方方面面，如天文、地理、花木、鸟兽、人物、器物等，对偶工整，声律协调，读起来抑扬顿挫，节奏优美，就像唱歌一样。

　　对现在的孩子来说，书中的一些字词、典故显得有些艰僻、深奥。出于方便理解的考虑，笔者对书中的疑难字、生僻字加以注音及解释，对历史典故作详细解释，对一些化用自其他文学作品的句子、故事也注明出处。孩子通过阅读注释，可以在学习、掌握声韵格律的基础上，更加深入地理解原文的意思，明白每个对句为什么能够相对，而不至于囫囵吞枣，读过就忘。

同时，笔者还对每段对句加以点评，选取那些对得很好的对句，解释它们为什么对得好，分析每个对句的闪光点，从文学赏析的角度引导孩子如何品读《笠翁对韵》，指导孩子如何写出好的对子。当然，对《笠翁对韵》中一些对得不好的地方，笔者也同时客观地指出。

《笠翁对韵》是中华启蒙经典，是在历史的长河中经过大浪淘沙后留下的珍珠，闪烁着耀眼的光芒。孩子不仅可以借助这本书训练语言能力、获取传统文化知识，还能在潜移默化中受到传统文化的熏陶和感染，塑造自身的优秀品质。

王亚会

2017 年 6 月

目 录

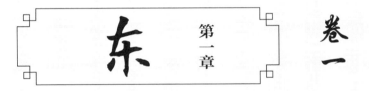

卷一 第一章 东

1

【原文】

天对地，雨对风。<u>大陆</u>对<u>长空</u>[1]。

<u>山花</u>对<u>海树</u>[2]，<u>赤日</u>对<u>苍穹</u>[3]。

<u>雷隐隐</u>，<u>雾蒙蒙</u>[4]。<u>日下</u>对<u>天中</u>[5]。

<u>风高秋月白</u>[6]，<u>雨霁晚霞红</u>[7]。

<u>牛女二星河左右</u>[8]，<u>参商两曜斗西东</u>[9]。

<u>十月塞边</u>，<u>飒飒寒霜惊戍旅</u>[10]；

<u>三冬江上</u>，<u>漫漫朔雪冷渔翁</u>[11]。

【字词解释】

1.大陆：广阔的陆地。长空：高远的天空。

2.山花：山林间的花儿。海树：海边的树木。

3.赤：红色。赤日：红日。苍：青色。苍穹：青天。

4.雷隐隐：雷声隐隐约约。雾蒙蒙：雾气迷蒙模糊。

5.日下：日落。天中：天的正中。

6.这句的意思是：风从高空吹过，秋天的月亮显得十分明亮。

7.霁：雨后初晴。这句的意思是：雨过天晴，天边的晚霞红成一片。

8.牛女：指牛郎星和织女星。河左右：分别在银河的左边和右边。传说织女本是天上的仙女，她与人间的牛郎相爱，王母娘娘知道后便把织女带回天宫。牛郎带着两个儿女追赶上天。王母娘娘便拔出金簪，划出一条天河，把牛郎和织女分隔开来，只有每年的七月初七才让他们见上一面，这就是七夕的由来。

9. 曜：日、月、星都叫曜。参商两曜：指参星和商星这两颗耀眼的星星。斗：指北斗星。西东：指参星和商星一个在北斗星的西边，一个在北斗星的东边。传说远古时候，帝喾有两个儿子，他们每天争吵不休。帝喾没有办法，只好把两兄弟隔得远远的，他们一个变成参星，一个变成商星。两颗星星每天你升我落，你落我升，永远见不着面。

10. 塞边：指边境险要的地方。飒飒：形容风声。戍旅：守卫边疆的军队。这句的意思是：十月的边塞寒风阵阵，寒霜随风而降，惊扰了守卫边疆的将士们。

11. 三冬：冬天的第三个月，即农历十二月，一年中最冷的时候。朔雪：北方的风雪。这句的意思是：十二月的江面上雪花飞舞，北方的大雪簌簌落下，让打鱼的老人感到非常寒冷。

【点评】

古代吟诗作对，都讲究对仗和押韵。什么是"对仗"呢？对仗就是指上下相对的两个句子，字数要一致，表达的意义也要有关联，甚至在声调上也要有相应的规则，如平声对仄声，仄声对平声。什么是"韵"呢？韵就是指一个字的韵母，而押韵就是说要选用含有相同或相似韵母的字。做到了对仗和押韵，诗句或对子才能读起来朗朗上口，富有美感。

《笠翁对韵》把同一个韵的字放在一起，组成像诗一样的对句。每一段的对句，都是从"一字对""二字对""三字对"再到"五字对""七字对"，最后到"十一字对"，循序渐进，解说对对子的常识和技巧。

这一段中，"天对地，雨对风"是一个字对一个字，我们称为"一字对"。"天"和"地"一个在上，一个在下，都具有广阔无边的特点，又都是大自然的一部分，正好相对。"雨"和"风"都是一种自然气象，也是相对的。"大陆对长空，山花对海树，赤日对苍穹"是两个字对两个字，我们称为"二字对"。大陆—长空，山花—海树，赤日—苍穹，每组中的两个事物都属于同一类别，而且字字相对，"大"和"长"都是形容广阔，"山"和"海"都是表示地域，"赤"和"苍"都是表示颜色。"雷隐隐，雾蒙蒙"是三个字对三个字，称为"三字对"。"雷"和"雾"都是自然现象，一个隐隐约约从远处传来，一个雾气蒙蒙，一片模糊，都有隐约、不分明的特点。

　　"风高秋月白，雨霁晚霞红"是五个字对五个字，称为"五字对"。五个字就可以组成一联诗了，能够表达一个完整的意思，也能抒发某种感情色彩。这五个字拆开来看，风和雨，高和霁，秋月和晚霞，白和红，也都是分别对应的。像这样对仗工整的对子，我们就称为"工对"。与之相对的就是"宽对"。

　　"牛女二星河左右，参商两曜斗西东"是个七字对。这两句除了字面上对仗工整外，意义上也颇为接近：牛郎和织女因为银河的阻隔而难得见上一面，参星和商星因为不和而决定永不相见。

　　"十月塞边，飒飒寒霜惊戍旅；三冬江上，漫漫朔雪冷渔翁"是个十一字对，"十月"和"三冬"都表示时间，"塞边"和"江上"都表示地点，"飒飒"和"漫漫"都是叠声词，形容霜和雪，"寒霜"和"朔雪"都是指寒冷的天气，"戍旅"和"渔翁"都是在寒冷天气里还不得不坚守阵地或外出劳作的人。

2

【原文】

河对汉[1]，绿对红。雨伯对雷公[2]。

烟楼对雪洞[3]，月殿对天宫。

云叆叇，日曈曚[4]。蜡屐对渔篷[5]。

过天星似箭[6]，吐魄月如弓[7]。

驿旅客逢梅子雨[8]，池亭人挹藕花风[9]。

茅店村前，皓月坠林鸡唱韵[10]；

板桥路上，青霜锁道马行踪[11]。

【字词解释】

1. 河：指黄河。汉：指汉水。

2. 雨伯：古代神话中掌管雨的神。雷公：古代神话中掌管雷的神。

3. 烟楼：耸入云间的高楼。雪洞：像雪一样洁净的屋子。

4. 叆叇：形容云彩很厚的样子。曈曚：形容太阳刚升起来的样子。

5. 蜡屐：屐是古人穿的一种底下有齿的木鞋，晋代的阮孚喜欢把蜡涂在木屐上，用来保养木屐，因此叫"蜡屐"。渔篷：指渔船上遮风避雨的篷盖。

6. 过天星：即流星。这句的意思是：流星降落时，快得像箭一样。

7. 吐魄月：指新月。古人对月的圆缺没有科学的认识，认为那是住在月亮里的大蟾蜍吐出的精魂形成的。这句的意思是：刚被吐出的月牙，弯得像一张弓一样。

8. 驿旅客：住在客栈的旅客。梅子雨：我国南方五六月份的时候雨水充沛，因正逢梅子成熟，所以将这一时期称为"梅子雨"。

9. 池亭人：在池边赏花饮酒的人。挹：牵引。藕花：指荷花。藕花风：带着荷花香气的微风。

10. 茅店：旅店。皓月：明亮的月亮。坠林：落入林中。鸡唱韵：公鸡鸣叫，像唱歌一样。

11. 青霜：雪白的霜。锁道：铺满了道路。马行踪：马儿因走在铺满霜的道路上而留下踪迹。

【点评】

　　有时为了对仗工整，我们也会把常用的词换一种说法，比如雨伯原称"雨师"，我们常说"风伯雨师"，这里为了与"雷公"相对，把"师"改作"伯"。"雨伯对雷公"显然比"雨师对雷公"更加工整。

　　"云叆叇，日曈昽"是一个非常巧妙的对子，"叆叇"和"曈昽"不仅是联绵词（由两个音节联缀成义而不能分割的词），而且一个是云字旁，一个是日字旁，分别对应所形容的"云"和"日"。这种利用汉字的偏旁，以一定规则排列组合成联的方法，叫做同旁法。这类对句的难点在于组合要自然合理，避免生硬牵强，因此，并不是说随便找一个能形容"云"和"日"的形容词就可以相对。

　　"蜡屐"和"渔篷"看似不相关的两个事物，实际上表达了同一种隐含的意义："蜡屐"是说晋代的阮孚喜欢把蜡涂在木屐上，形容他生活随性，怡然自得；"渔篷"也正是生活漂泊、随性的一种象征。

　　最后一句"茅店村前，皓月坠林鸡唱韵；板桥路上，青霜锁道马行踪"则是化用了唐代诗人温庭筠《商山早行》中的名句："鸡声茅店月，人迹板桥霜。"

3

【原文】

山对海，华对嵩¹。四岳对三公²。

宫花对禁柳³，塞雁对江龙⁴。清暑殿，广寒宫⁵。

拾翠对题红⁶。庄周梦化蝶⁷，吕望兆飞熊⁸。

北牖当风停夏扇⁹，南檐曝日省冬烘¹⁰。

鹤舞楼头，玉笛弄残仙子月¹¹；

凤翔台上，紫箫吹断美人风¹²。

【字词解释】

1.华：指西岳华山。嵩：指中岳嵩山。

2.四岳：传说尧时分掌四时、方岳的官。三公：古代天子以下最大的三个官，辅佐
君王，掌握军政大权。周朝以太师、太傅、太保为三公，西汉以大司马、大司徒、大
司空为三公，东汉以太尉、司徒、司空为三公。

3.宫花：宫中的花草。禁：古代称皇宫也称禁，如禁卫军。禁柳：宫中的杨柳。

4.塞雁：塞外的大雁。江龙：江上的飞龙。

5.清暑殿：相传清暑殿在洛阳宫中。广寒宫：相传是嫦娥在月宫中居住的地方。

6.拾翠：指古代女子拣取翠鸟的羽毛当作头饰，后多指妇女春日出游。题红：古代深
居宫中的女子常将诗句题写在红叶上，随风飘去，寄托自己的情思。

7. 庄周：即庄子，战国时期著名的思想家。庄子曾经梦见自己变成了蝴蝶，醒来后发现自己还是庄子。于是他想：到底是我梦中变成了蝴蝶，还是蝴蝶梦中变成了我呢？

8. 吕望：即姜太公，号飞熊，西周时期著名的政治家、军事家。相传周文王曾梦见一头长着翅膀的熊扑向他，于是叫人占卜，占卜的人说周文王将得到一位重臣辅佐自己。第二天周文王来到渭水边，果然遇到了后来辅佐他治国安邦、帮助他夺取天下的姜太公。

9. 牖：窗户。夏扇：夏天用的扇子。这句的意思是：从北边窗户刮进来的风很凉爽，可以停用扇子。

10. 檐：屋檐。曝日：被太阳暴晒。冬烘：冬天用的火炉。这句的意思是：从南边屋檐照进来的阳光很温暖，可以省去取暖用的火炉。

11. 鹤舞楼头，玉笛弄残仙子月：相传一位衣衫褴褛的仙人来到山上的一家酒馆，想讨一杯酒喝，酒馆主人大方地端来了一大杯美酒。为了报答酒馆主人的恩情，仙人在墙上画了一只黄鹤，接着一边用手打节拍一边唱歌，黄鹤竟然随着歌声和拍子翩翩起舞。从此酒馆生意兴隆，宾客络绎不绝。又过了十年，仙人再次来喝酒，忽然取出笛子吹了起来，不一会儿，墙上的黄鹤便飞到仙人跟前，仙人于是驾着黄鹤飞到了天上。

12. 凤翔台上，紫箫吹断美人风：相传春秋时，秦穆公的女儿弄玉喜欢吹箫，秦穆公于是就把她嫁给了吹箫名人萧史，并为他们建造了一座凤翔台。一天，当他们夫妇二人正在合奏时，忽然天边飞来一条龙和一只凤，载着他们一路吹箫，飞上天去。

【点评】

"华对嵩"中，其实"华山"与五岳中的任何一座山都能相对，这里单单选用"嵩山"，是为了押"一东"的韵。所以如果抛开押韵，能选择的范围就会大大扩大。我们在学习这些对子时，不妨也开动脑筋，想想如果抛开押韵，是不是还有别的对子也能对得上，千万不要只拘泥于作者给我们提供的这些例子。

这里我们讲讲对对子的几个规矩，首先是词性相对。如名词对名词、动词对动词、

形容词对形容词。每种词性中，还可以分为不同的词类，比如名词，还可以分为天文、地理、气象、时令、花鸟、虫鱼、器物、建筑等等，相对的两个事物词类应该一致。比如"宫花对禁柳"，两者都是植物，就可以放在一起；而且，其中的"宫"和"禁"都是表示地点的词，也可以相对。

其次是词义相对，就是说相对应的两个意义要么相关，要么相反。如果是相关的，那这样的对子我们就称为"正对"；如果是相反的，我们就称为"反对"。如"清暑殿，广寒宫"，前者是地上的宫殿，后者是天上的宫殿，"暑"与"寒"正好是相反的。"庄周梦化蝶，吕望兆飞熊"就是一个"正对"，"庄周""吕望"都是人名，"梦"和"兆"意义相近，"化蝶"和"飞熊"字面义相关，又同是两个典故。

冬 第二章

1

【原文】

晨对午，夏对冬。下饷对高舂[1]。

青春对白昼，古柏对苍松。

垂钓客，荷锄翁[2]。仙鹤对神龙。

凤冠珠闪烁[3]，螭带玉玲珑[4]。

三元及第才千顷[5]，一品当朝禄万钟[6]。

花萼楼间，仙李盘根调国脉[7]；

沉香亭畔，娇杨擅宠起边风[8]。

【字词解释】

1. 饷：通"晌"，正午。下饷：中午 12 点以后。高舂：傍晚时分。古人傍晚的时候要为第二天舂米，所以用"高舂"指代傍晚时分。

2. 垂钓客：钓鱼的人。荷：用肩膀扛东西。荷锄翁：扛着锄头劳作的人。

3. 凤冠：古代贵妇戴在头上，装饰有凤凰、珠宝的礼冠。这句的意思是：凤冠上的宝石珠光闪烁。

4. 螭带：古代男子的一种腰间装饰物，雕有龙纹的玉带。这句的意思是：螭带上的玉饰晶莹剔透。

5. 三元及第：古代参加科举考试，分乡试、会试和殿试。乡试第一名称解元，会试第一名称会元，殿试第一名称状元。连中解元、会元和状元的，称为三元及第。三元及第的人，朝廷赐予俸禄千顷。才：通"财"，指俸禄。

6. 一品当朝：古代官吏官分九品，九品即九个等级，其中一品最高，相应的俸禄也是最高的，为"万钟"。钟：古代的一种容量单位，春秋时齐国一钟合六斛四斗。万钟则说明俸禄之高。

7. 仙李盘根：唐朝的皇帝尊奉老子李耳为他们的祖先，说李耳是"仙李"，李氏家族因有"仙李"的庇护而根深叶茂，根基稳固。调国脉：掌握国家的命脉。这句说的是唐玄宗开元年间，皇帝在花萼楼尊奉"圣祖"老子的活动。

8. 沉香亭畔：指唐玄宗与杨贵妃在沉香亭边赏花饮酒作乐。李白《清平调》中有"解释春风无限恨，沉香亭北倚阑干"的名句，写的就是春日里唐玄宗与杨贵妃在沉香亭赏花作乐的情景。这句说的是唐玄宗李隆基宠爱杨贵妃，沉溺于女色，不理朝政，最终导致藩镇割据势力日益增长，引发了历史上著名的"安史之乱"。

【点评】

晨、午、夏、冬、下饷、高春、青春、白昼，这几个都是表示时间的词，相互对得很贴切，而且，它们不仅词义相对，就算是单个字分开来看，也是相互对应的。如"下饷"与"高春"的"下"与"高"在方位上形成对应；"青春"与"白昼"的"青"与"白"在颜色上形成对应。

"垂钓客"与"荷锄翁"表面是指钓鱼的人和劳作的人，实际上还有更深层的意味：姜子牙曾经在渭水边钓鱼，等待周文王来请他辅佐周王朝；《论语》中曾记载，孔子路上遇到一位扛着锄头的人，对话后才知道对方是个隐士；所以，"垂钓客"与"荷锄翁"实际上暗指隐士高人，二者从字面义到深层义都相对，这是这个对子的高明之处。

最后一句也对得很妥帖。"花萼楼"与"沉香亭"都是地名，"仙李"与"娇杨"都是人名，表面上都是正对，但是合在一起却表达了两个相反的意思：一边是皇帝在花萼楼举行尊奉老子的活动，祈求国泰民安；一边是皇帝沉溺女色，不理朝政，最终导致了"安史之乱"。两句相对，可以说是讽刺了唐王朝由盛转衰的局面。

读 释 评

童年读库 | 中华传统文化经典

2

【原文】

清对淡，薄对浓。暮鼓对晨钟[1]。

山茶对石菊，烟锁对云封[2]。

金菡萏，玉芙蓉[3]。绿绮对青锋[4]。

早汤先宿酒[5]，晚食继朝饔[6]。

唐库金钱能化蝶[7]，延津宝剑会成龙[8]。

巫峡浪传，云雨荒唐神女庙[9]；

岱宗遥望，儿孙罗列丈人峰[10]。

【字词解释】

1. 暮鼓、晨钟：寺院里早晨敲钟、傍晚击鼓，用来报时。

2. 烟锁、云封：被烟锁住、被云封住，形容云雾浓厚，使人看不清。

3. 菡萏：荷花的别名。金菡萏：用金子做成的荷花。玉芙蓉：用玉石做成的芙蓉。

4. 绿绮：古琴名，相传为汉代司马相如所得。司马相如精湛的琴艺配上"绿绮"绝妙的音色，使"绿绮"琴名噪一时。青锋：锋利的宝剑，剑身寒光闪烁，锋芒毕露。

5. 早汤：早上的醒酒汤。宿酒：即宿醉，隔夜的醉酒。这句的意思是：前一夜喝醉了酒，早上要先喝醒酒的汤。

6. 饔：熟食，有时专指早饭。朝饔：早饭。这句的意思是：早饭之后接着吃晚饭。

7. 唐库：唐朝的国库。这句的意思是：唐朝国库里的钱能化成蝴蝶。相传唐穆宗时，宫殿前栽种了许多牡丹。有一次，唐穆宗夜里举办宴席，有许多黄色和白色的蝴蝶在花丛中飞来飞去，天一亮就飞走了。宫女们捕捉到数百只蝴蝶，没想到天亮时都变成了金银。后来打开国库才发现，这些蝴蝶都是国库里的金子和银子变成的。

8. 延津：延平津，在今福建南平市东南。这句的意思是：在延平津，宝剑竟然会变成龙。相传晋代的雷焕从地下挖出两把宝剑，一把赠给了好友，一把自己佩带。后来，雷焕死后，他的儿子路过延平津，腰间的宝剑突然化作一条龙，潜入了河水中。

9. 巫峡：长江三峡之一。浪传：没有根据的传说。神女庙：传说楚王曾梦见一个神女，自称是巫山之女，来和他幽会。分别时，神女告诉楚王，自己白天会变成白云，晚上会变成小雨，时时刻刻都在这里。楚王于是就在巫山建了一座"朝云观"作为神女庙。这句的意思是：在巫峡这一带，人们传说着楚王与神女幽会的荒唐故事。

10. 岱宗：指泰山。丈人峰：泰山其中一座山峰，因形似老人而得名。这句的意思是：远远地望着泰山，只见别的山峰都像儿孙围绕在老人周围一样围在丈人峰跟前。

【点评】

对对子还有个规矩，就是所对的字在声调上要平仄相对。只有平仄相对，吟诗作对的时候才能使诗句读起来抑扬顿挫，朗朗上口，更富有韵律美。比如，"清对淡，薄对浓"，"清"是一声，在古代属于平声，而"淡"是四声，在古代属于仄声，因此可以相对。第二句的"薄"在古代是入声，属于仄声，而"浓"是二声，在古代属于平声，因此可以相对。如果不考虑平仄，那"薄对浓"也可以说成"薄对厚"，但这两个字都是仄声字，是不能相对的。

"绿绮"与"青锋"，一是宝琴，一是宝剑，词类一致，而且第一个字还都是表示颜色的字。

"唐库金钱能化蝶，延津宝剑会成龙"，对得十分工整。首先，"唐库"与"延津"

都是地名，"金钱"与"宝剑"都是珍贵的东西，"能化"与"会成"是意义相同的虚词，"蝶"与"龙"都是动物，每一个字都对得上。更重要的是，这两句连在一起，是说两个意义相关的典故，一个是金钱化蝶，一个是宝剑成龙，作者对这两个典故信手拈来，说明作者有着丰富的知识积累，否则，恐怕很难作出这样的对子。这也提醒我们，日常的知识积累非常重要，积少成多，才能熟练运用。

3

【原文】

繁对简，叠对重。意懒对心慵[1]。

仙翁对释伴[2]，道范对儒宗[3]。

花灼灼，草茸茸[4]。浪蝶对狂蜂[5]。

数竿君子竹[6]，五树大夫松[7]。

高皇灭项凭三杰[8]，虞帝承尧殛四凶[9]。

内苑佳人，满地风光愁不尽[10]；

边关过客，连天烟草憾无穷[11]。

【字词解释】

1. 意懒：精神萎靡不振。慵：困倦。心慵：心情倦怠消沉。

2. 翁：对修仙人的敬称。释伴：一起修道的伙伴。

3. 道范：道家典范。儒宗：儒家宗师。

4. 花灼灼：花儿开得十分艳丽。草茸茸：草儿长得十分茂盛。

5. 浪蝶、狂蜂：纵横飞舞在花间的蝴蝶和蜜蜂。

6. 君子竹：竹子因耐寒挺立、节操高洁而常被比作君子。

7. 大夫松：相传秦始皇登泰山封禅祭祀，下山时遇到了暴雨，于是就在五棵松树下避雨休息。因这五棵松树护驾有功，于是封它们为"五大夫"。

8. 高皇：指汉高祖刘邦。三杰：指萧何、韩信和张良。这句的意思是：汉高祖刘邦在楚汉之争中能够打败项羽，完全是依靠萧何、韩信和张良这三位杰出的军事家、政治家的辅佐。

9. 虞帝：指上古五帝之一的虞舜。殛：流放。四凶：指浑敦、穷奇、梼杌和饕餮四个部族首领。这句的意思是：虞舜接受了尧的让位后，浑敦、穷奇、梼杌和饕餮这四个部族首领不服从舜的统治，最后都被舜流放。

10. 内苑：指皇宫内院。佳人：指宫里的嫔妃女眷。愁不尽：充满不尽的哀愁。

11. 边关：边疆塞外。过客：指在沙场上战死的戍边将士们，生命犹如过客一般。憾无穷：留下无穷的遗憾。这句的意思是：边塞长满连天的烟草，那些战死在沙场的戍边将士们，给世人留下了无穷的遗憾。

【点评】

"意懒"与"心慵"，这两个词意义相同，只是换了一种说法而已。这种用不同的词表达同一种事物的方法，在古代诗文中很常见，因为一首诗或一副对联中，一般应避免出现重复的字词。如果要表达同一种意思，那只好换一种说法。好在汉语博大精深，很多情况下能够找到可以替换的词汇。巧妙的是，这四个字的偏旁全部相同，若要找到意义和偏旁都相同的词来替换，恐怕要费一番心思。

"内苑佳人"与"边关过客"两类人群，一内一外，形成鲜明的对照。但尽管处境不同，心境却是相似的：佳人内心充满不尽的哀愁，过客心中留下无穷的遗憾。同时，这两类人群，也是古代诗文中描写较多的两类人，诗歌多表现他们的寂寞、凄苦与悲凉，由此形成了宫闱诗和边塞诗两种诗歌类型。

江

第三章

1

【原文】

奇对偶，只对双。大海对长江。

金盘对玉盏[1]，宝烛对银釭[2]。

朱漆槛[3]，碧纱窗。舞调对歌腔[4]。

兴汉推马武[5]，谏夏著龙逢[6]。

四收列国群王服[7]，三筑高城众敌降[8]。

跨凤登台，潇洒仙姬秦弄玉[9]；

斩蛇当道，英雄天子汉刘邦[10]。

【字词解释】

1. 盏：酒杯。

2. 宝烛：昂贵的蜡烛。银釭：银白色的灯盏、烛台。

3. 槛：栏杆。朱漆槛：红漆的栏杆。

4. 舞调：跳舞时伴奏的音乐。歌腔：唱歌的腔调。

5. 马武：字子张，王莽新朝末年，参加绿林军起义，后归顺东汉光武帝刘秀，是东汉的开国元勋之一。这句的意思是：复兴汉室，功劳最大的应该首推马武。

6. 龙逢：即关龙逢，传说是夏朝最后一个皇帝夏桀的大臣。夏桀荒淫无道，关龙逢曾极力劝谏，却被夏桀处死。这句的意思是：劝谏夏桀，最著名的人是关龙逢。

7. 四收列国：北宋初年，大将曹彬先后平定了契丹、北汉、后蜀和南唐等割据势力，收复这些小国，帮助宋太祖统一了天下。这句的意思是：北宋大将曹彬帮助宋太祖南征北战，所到之处，群王降服。

8. 三筑高城：唐中宗时，中宗李显令大将军张仁愿在黄河以北筑起三座受降城，以威震北敌，巩固唐王朝的北部边疆。这句的意思是：大将军张仁愿筑起三座受降城，让众多的敌人都甘愿投降。

9. 台：凤凰台。秦弄玉：相传春秋时，秦穆公的女儿弄玉喜爱吹箫，秦穆公于是就把她嫁给了吹箫名人萧史，并为他们建造了一座凤凰台。一天，当他们夫妇正合奏时，忽然天边飞来一条龙和一只凤，载着他们一路吹箫，飞上天去。这句的意思是：在凤凰台上骑着凤凰飞走的，是那潇洒的仙女秦弄玉。

10. 斩蛇当道：在路上把蛇给斩杀了。英雄天子汉刘邦：传说汉高祖刘邦刚要起兵造反时，有天晚上喝醉了酒，路上遇到一条白色的大蟒蛇挡住了去路，刘邦一把拔出剑来，把蛇给斩杀了。后来一个老妇人哭诉，说那大蟒蛇是白帝的儿子所化，却被赤帝的儿子给杀了。这句的意思是：在路上斩蛇起义的，是那汉朝的英雄皇帝刘邦。

【点评】

"兴汉推马武，谏夏著龙逄"，这两句说的都是中国历史上的名臣，二人都是赤胆忠心，但结局却是相反的：马武被汉光武帝重用，复兴了汉室；关龙逄极力劝谏夏桀，却被夏桀处死。两句虽然在类别上是同一类，在表达上却用了两个相反的例子，而且"马武"和"龙逄"的第一个字都是动物，说明作者在例子的选择上煞费苦心。

"四收"与"三筑"中的两个数字相对，但是在古代，数字有实指和虚指两种不同的用法。这里，"三筑高城"中的"三"是实指，因为确实修筑了三座受降城；而"四收列国"中的"四"就是虚指，因为灭五代诸国，并不止灭了四个小国，但又说不出确切的数字，因此就用"四"来代指许多。我们在古诗文中遇到数字时，一定要辨别清楚是实指还是虚指。

最后两句说的是两个典故，一个与凤凰有关，一个与蛇有关。实际上，与弄玉一同乘凤凰飞上天的还有弄玉的丈夫萧史，作者这里只写"潇洒仙姬"弄玉，而不写萧史，是为了与下句的"英雄天子"刘邦相对。这样一来，上句柔美，下句阳刚，在风格上也能相对。

2

【原文】

颜对貌，<u>像对庞</u>[1]。<u>步辇对徒杠</u>[2]。

<u>停针对搁笔</u>[3]，意懒对心降。

<u>灯闪闪</u>，<u>月幢幢</u>[4]。揽辔对飞艭[5]。

柳堤驰骏马，<u>花院吠村尨</u>[6]。

<u>酒晕微酡琼杏颊</u>[7]，<u>香尘浅印玉莲双</u>[8]。

诗写丹枫，<u>韩女幽怀流御水</u>[9]；

泪弹斑竹，<u>舜妃遗憾积湘江</u>[10]。

【字词解释】

1. 像：相貌。庞：脸庞。

2. 步辇：古代帝王乘坐的轿子。徒杠：可供徒步行走的小桥。

3. 停针：停下穿针。古人在社日这天有不动针线的习俗。搁笔：放下笔墨。

4. 灯闪闪：灯光下有影子在摇晃。月幢幢：月光下有影子在移动。

5. 辔：驾驭马、牛等牲口的嚼子和缰绳。揽辔：抓住马的缰绳，形容骑在马上遍览河山。飞艭：飞驶的小船，表示乘船观赏美景。

6. 花院：开满花的院子。村尨：农家养的长毛狗。

7. 酒晕微酡：喝酒喝得有了点醉意。杏颊：形容女子的脸白里透红，像杏花一样。这句的意思是：佳人喝酒喝得有了点醉意，脸颊白里透红。

8.香尘：芳香的尘土。玉莲双：女子的一双纤脚。这句的意思是：脚步带起的芳香尘土轻轻落在了一双纤脚上。

9.丹枫：红色的枫叶。韩女幽怀流御水：唐僖宗时，一个名叫于佑的书生在御河捡到一片红叶，上面写着几句诗："流水何太急，深宫尽日闲。殷勤谢红叶，好去到人间。"于佑于是也在上面题了两句诗："曾闻叶上题红怨，叶上题诗寄阿谁？"红叶流入宫中，被宫女韩氏所得，韩氏又在上面题了几句诗，将愁思之苦写在红叶上。这句的意思是：深居内宫的女子把诗句写在枫叶上，借着流水向外界寄托情思。

10.舜妃遗憾积湘江：传说舜帝有两个爱妃，即娥皇和女英。舜帝南巡死在了苍梧，娥皇和女英终日哭泣，眼泪洒在了竹子上，致使竹子斑斑点点，成为"斑竹"。后来，娥皇和女英投湘江而死。这句的意思是：娥皇和女英把眼泪洒在了竹子上，将怨恨留在了湘江里。

【点评】

"停针"与"搁笔"除了字面意义上的相对外，还应注意到，古代女子做针线活儿，男子读书考功名，所以这里分别暗指女子和男子。

"意懒对心降"，二冬里已经有了"意懒对心慵"一句，两个例句重复，而且这里的"心降"对"意懒"显然没有"心慵"对得好，只是因为要押"江"的韵，才用了"心降"一词。这也说明，对于书里的一些例句，我们要辩证地去看待，有些地方语句重复，有些地方对得比较生硬，这都是在所难免的，我们在阅读的时候，要培养自己辨别好坏的能力。

最后两句对得非常精彩。"丹枫"与"斑竹"都是植物，"韩女"与"舜妃"都是人物，而且都是多情的女子；"御水"与"湘江"都是水名，只不过一个是通过水传情，一个是通过水殉情。上句写得诗意，暗含宫中女子寂寥的心境；下句写得凄婉，暗含对娥皇和女英二妃的深切遗憾。

支

第四章

1

【原文】

泉对石，干对枝¹。吹竹对弹丝²。

山亭对水榭³，鹦鹉对鸬鹚⁴。

五色笔，十香词⁵。泼墨对传卮⁶。

神奇韩干画⁷，雄浑李陵诗⁸。

几处花街新夺锦⁹，有人香径淡凝脂¹⁰。

万里烽烟，战士边头争保塞¹¹；

一犁膏雨，农夫村外尽乘时¹²。

【字词解释】

1. 干：树的主干。

2. 吹竹：吹奏用竹子制成的管乐器。弹丝：弹奏琴、瑟、琵琶之类的弦乐器。

3. 水榭：建在水面上的亭台。

4. 鸬鹚：一种善于捕鱼的水鸟，通称鱼鹰。

5. 五色笔：相传南朝梁代的江淹，年轻时梦见晋代诗人郭璞赠给他一支五色笔，之后便才思大进，写下许多优秀的诗文。晚年，他又梦见郭璞讨回了五色笔，从此再也写不出好文章了，人称"江郎才尽"。后以五色笔比喻词藻富丽的文笔。十香词：辽国皇后萧观音才貌双全，很受宠爱。后来，朝中有人为陷害萧观音，作《十香词》，污蔑萧观音与一戏子私通。戏子屈打成招，萧观音悲愤交加，自缢而死。

6. 泼墨：一种绘画方式，大量用墨渲染。卮：古代盛酒的器具。传卮：把酒杯依次传下去让人喝酒。

7. 韩干画：韩干，唐代著名画家，最擅长画马。传说有一天，有人牵了一匹腿脚有毛病的马，遇到了韩干，韩干觉得这匹马很像自己画的那匹。于是他回家去看自己画的马，果然发现马腿上有一处没画好。这句的意思是：最神奇的是韩干画的马。

8. 李陵诗：李陵，西汉名将李广的孙子，多次建立战功，却在一次作战中被迫投降匈奴。后来他遇到出使匈奴的苏武，心生感慨，临别时作了几首诗，十分感人。这句的意思是：最雄浑的是李陵送别苏武的诗。

9. 花街：开满鲜花的街道，这里指妓院聚集的地方。夺锦：夺魁。

10. 香径：花丛间的小路。凝脂：凝固的油脂，比喻人的皮肤洁白细嫩。

11. 烽烟：烽火台上燃起狼烟，指战争。边头：边塞。这句的意思是：烽烟燃起的时候，勇敢的将士们在边塞争先恐后地保卫疆土。

12. 犁：本来指犁地的印迹，因多在春雨之后犁地，所以用作春雨的修饰语。膏雨：春雨。乘时：利用有利的时机。这句的意思是：下了一场春雨，农民们都赶紧趁着这有利时机下地干活儿。

【点评】

泉、石、干、枝、山亭、水榭，看似不相关的几种景物，组成了一幅多彩又寂静的山水景致图。身处这样的景致中，不禁让人想吹竹、弹丝，在美景中消遣一番。"鹦鹉"与"鸬鹚"两两相对，又都是连绵词，对得极为贴切。

"五色笔"与"十香词"，"色"是视觉上的感知，"香"是嗅觉上的感知，两种感觉交相为对，十分特别。而且，"五色笔"也并非实指笔，而是指富丽的文章，与"十香词"正好相对。

最后一句，"万里烽烟"与"一犁膏雨"对仗十分工整，特别是数词"万"对"一"，能给人一种极为鲜明的对比效果。"万"字突出场面的壮阔雄伟，"一"字强调场面的轻巧明丽，尤其是把春雨形容成"一犁"，十分有诗意。"争保塞"与"尽乘时"又都表现出战士和农夫各尽其责，呈现出一种积极的生活态度和精神风貌。

2

【原文】

菹对醢[1]，赋对诗。点漆对描脂[2]。

璠簪对珠履[3]，剑客对琴师。

沽酒价，买山资[4]。国色对仙姿。

晚霞明似锦[5]，春雨细如丝。

柳绊长堤千万树[6]，花横野寺两三枝[7]。

紫盖黄旗，天象预占江左地[8]；

青袍白马，童谣终应寿阳儿[9]。

【字词解释】

1.菹：切碎（肉、菜等）。醢：古代一种把人剁成肉酱的酷刑。

2.点漆：形容眼睛乌黑明亮。描脂：形容皮肤光洁白嫩。

3.璠：美玉。璠簪：美玉制成的簪子。珠履：用珍珠装饰的鞋。

4.沽酒价：晋代"竹林七贤"之一的阮咸，每次在手杖上挂百钱，到酒店买酒喝。

5.锦：有彩色花纹的丝织品。

6.堤：用土石等修筑的挡水的高岸。这句的意思是：栽满柳树的长长堤岸上好像有成千上万棵树。

7.野寺：山野中的寺庙。这句的意思是：芜杂的花朵种在无人问津的偏僻寺院中。

8.紫盖、黄旗：指云气，古人认为二者象征王者之气。江左：即江东，指长江下游以东地区。三国时期，东吴郎中令陈化出使魏国，魏文帝喝醉了酒，问陈化："吴国和魏国打仗，你认为谁能统一四海？"陈化说："《易经》上说帝王将出自东方，而且先哲也早有说法'紫盖黄旗，运在东南'。"

9.青袍：青色的衣衫。相传南朝梁武帝时，梁武帝接受屡次叛变的侯景投降，封侯景为大将军，驻守寿阳。当时，有童谣唱："青袍白马寿阳儿"，不久，侯景果然发动叛乱。为了顺应童谣，叛军穿的都是青色的衣衫，骑着白马，起兵造反。

【点评】

"点漆"与"描脂"都是动词，这里都用作形容词，形容女子的貌美。"璠簪"与"珠履"都是女子的饰物，一个是戴在头上的，一个是穿在脚上的，一上一下，互为对应。"沽酒"与"买山"看似是买酒与买地的商业行为，实际上指的却是隐士的归隐生活。

"千万树"与"两三枝"相对，也是一组十分鲜明的对比：前者极言茂盛，后者极言荒芜。"绊"与"横"这两个动词用了拟人的手法，十分传神。"绊"字好像是说柳树被长堤挡住，不得不留在堤岸上；"横"字则突出了花儿开得杂乱、恣意，点出野外的环境。

最后一句对得十分巧妙。一般来说，用历史人物和历史事件来作对仗的材料，会受到很大的局限，因为这些人物和事件都是客观存在，无法改动某些字词来适应对仗的需要；但是，作者所选用的这两个例子却对得十分贴切：不仅两个事件本身是可以相互对应的，"紫盖黄旗"与"青袍白马"、"天象"与"童谣"、"预占"与"终应"、"江左"与"寿阳"也都一一相对。尤其是"预占"和"终应"，前者是天象的预示，还没有发生；后者是事件已经发生，得到了应验，一正一反，十分巧妙。

3

【原文】

箴对赞[1]，缶对卮[2]。萤炤对蚕丝[3]。

轻裾对长袖[4]，瑞草对灵芝[5]。

流涕策，断肠诗[6]。喉舌对腰肢[7]。

云中熊虎将[8]，天上凤凰儿[9]。

禹庙千年垂橘柚，尧阶三尺覆茅茨[10]。

湘竹含烟，腰下轻纱笼玳瑁[11]；

海棠经雨，脸边清泪湿胭脂[12]。

【字词解释】

1.箴：劝告、劝诫。赞：颂扬、称赞。

2.缶：古代一种盛酒的器皿。卮：酒杯。

3.萤炤：指萤火虫发出的光芒。

4.裾：衣服的前后襟。

5.瑞草：不常见的草，古代以为这样的草预示着吉祥，如蓂荚、灵芝之类。

6.流涕策：西汉贾谊在写给汉文帝的《治安策》中有"可为痛哭，可为流涕，可为长太息"的句子，因此这份《治安策》又被称为流涕策。策，古代大臣献给皇帝的意见书。

断肠诗：南宋女词人朱淑真，擅长作诗词、绘画。但因她与丈夫志趣不合，诗词中常流露出一种幽愤哀怨的感伤情调，后人将她的诗词辑录成《断肠诗集》《断肠词》。

7.喉舌：喉咙和舌头。腰肢：腰身与四肢。

8. 云中：汉代北方有云中郡，在今山西北部及内蒙古东部。熊虎将：指西汉名将魏尚，相传他做云中太守时，治军严明，关心部下，军队气势高昂，匈奴不敢来犯。

9. 凤凰儿：凤凰是传说中象征吉祥的鸟，凤凰儿就是指出身高贵或有才气的青年才俊。

10. 茅茨：茅草，这里指用茅草盖的屋子。这句的意思是：尧帝统治了天下，却仍居住在茅屋里。

11. 湘竹：即湘妃竹，表面有紫褐色斑点，传说是被舜的两位妃子用眼泪染成的。玳瑁：由玳瑁壳制成的珍贵宝石。这句的意思是：玳瑁轻纱笼罩着腰身，好像烟雾环绕着竹枝。

12. 经雨：被雨打湿。这句的意思是：脸边流下泪水，浸湿了涂在脸上的胭脂，犹如雨点滴落在海棠花上。这里化用了宋朝宋祁《缠绵道·燕子呢喃》"海棠经雨胭脂透"的诗句。

【点评】

"云中"是地名，这里没有用另一个地名来与之相对，而是巧借"云中"还有"白云之中"的意义，用"天上"与之相对。这是对仗中常用的一种技巧，叫"借对"。当一个词有两个以上的意义时，人们选取其中的某一个意义，同时又借用另一个意义来相对，这种方法称为"借对"。之所以能用"借对"的方法，得益于汉语中有一部分多义词，同一个词，在句子中是一种意义，同时又可以用另一种意义形成对仗。

"湘竹含烟"与"海棠经雨"说的是两种植物，看似与下一句没有什么关联，实际上是下一句的两种比喻。这种比喻，不是单薄地用一种事物比作另一种事物，而是将整个动态作比，而且比喻得非常贴切：玳瑁轻纱笼罩着腰身，好像烟雾环绕着竹枝；脸边流下泪水，犹如雨点滴落在海棠花上。这种比喻的难点在于，要找到本体和喻体高度相似的地方，不能牵强附会。同时，"玳瑁"与"胭脂"是一组连绵词，前者两字都是仄声，后者两字都是平声，且押"支"韵，可以说不论从形式还是意义上，都对得工整又巧妙。

4

【原文】

争对让，望对思。野葛对山栀[1]。

仙风对道骨[2]，天造对人为。

专诸剑，博浪椎[3]。经纬对干支[4]。

位尊民物主[5]，德重帝王师[6]。

望切不妨人去远[7]，心忙无奈马行迟[8]。

金屋闭来，赋乞茂陵题柱笔[9]；

玉楼成后，记须昌谷负囊词[10]。

【字词解释】

1.野葛：一种有毒植物，人吃后会腹痛不止。山栀：茜草科栀子属，夏开白花，有香气，果实可入药。

2.仙风：神仙的风采。道骨：修道者的气质。

3.专诸剑：专诸是古代的一名刺客，他把匕首藏在鱼肚子里，借进献食物的机会刺死了吴王僚。博浪椎：博浪沙，地名。张良为了给被秦国灭掉的韩国报仇，请来一位大力士，让他携带沉重的大铁椎，在博浪沙刺杀秦始皇。

4.经纬：本指织物上的纵线和横线，又指纲纪、法度。干支：即天干和地支，古人用十天干和十二地支相配来纪年、纪月、纪日。

5.位尊：地位崇高。民物主：民众万物的主宰，指帝王。

6. 德重：德行崇高。帝王师：辅佐帝王的大臣。

7. 望切：迫切地关心。这句的意思是：人虽已经走远，却不妨碍心里惦记。

8. 心忙：心情焦急。这句的意思是：马儿跑得太慢，归心似箭也是干着急。

9. 茂陵题柱笔：司马相如曾经居住在茂陵，所以称他的才思为"茂陵题柱笔"。汉武帝年幼时，说如果能娶到表姐陈阿娇做妻子，会造一个金屋子给她住。陈阿娇与汉武帝结婚后，颇受宠爱。陈皇后嫉妒心很强，独居长门宫，她听说司马相如很会写文章，就让司马相如给她写一篇《长门赋》，抒写她孤独寂寞的心情和对汉武帝的思念。

10. 昌谷：河名，在今河南境内。唐代诗人李贺家住昌谷川旁，人称李昌谷。相传李贺出行时，常让一个书童背着一个锦囊，每每想到好的句子，就记下投入锦囊中。后来，李贺梦到有仙人对他说："上帝筑成白玉楼，命你去作记。"不久，李贺就死了。

【点评】

"经纬"与"干支"，虽然这四个字各自有不同的意义，但一般都是组成词连在一起用，而且，经线和纬线搭配才能织成丝织品；同样，天干和地支搭配才能纪年。此外，两个词在更深一层的意义上也是相对的："经纬"又可以引申为纲纪、法度，是一种条理和秩序，而"干支"也是一种秩序，是人们对时间所作的编排。所以，从这个意义上说，两个词对得非常恰当。

最后一句也是一组很妙的对句。"金屋"与"玉楼"、"赋"与"记"、"茂陵"与"昌谷"、"题柱笔"与"负囊词"，都对得十分工整。这句的特色是，全句没有提到一个人名，却隐含了众多人物。作者在这里用到好几个典故，通过典故带出人物和事件，如果对典故不熟悉，理解起来恐怕有困难。作者很有心地选择了司马相如和李贺两个人的事例，是因为这两个人都十分有才华，"题柱笔"与"负囊词"便可窥见一斑。而且，这两人的居住地"茂陵"与"昌谷"也很有意思，拆开来看，它们的每个字都是相对的。

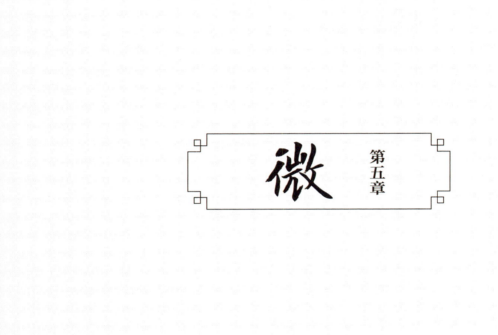

微 第五章

1

【原文】

贤对圣，是对非。觉奥对参微[1]。

鱼书对雁字[2]，草舍对柴扉[3]。

鸡晓唱，雉朝飞[4]。红瘦对绿肥[5]。

举杯邀月饮[6]，骑马踏花归[7]。

黄盖能成赤壁捷[8]，陈平善解白登危[9]。

太白书堂，瀑泉垂地三千丈[10]；

孔明祀庙，老柏参天四十围[11]。

【字词解释】

1. 觉奥：领悟深奥的道理。参：参透，思考。参微：参透微妙的事情。

2. 鱼书：指书信。汉代有首诗写道："客从远方来，遗我双鲤鱼。呼儿烹鲤鱼，中有尺素书。"说的是有人送来了两条鲤鱼，结果剖开鱼肚子，发现里面有封信。所以，人们便把书信叫作鱼书。雁字：也指书信。汉代苏武出使匈奴时被扣押，匈奴人骗汉朝使臣说苏武已经死了；使臣说汉昭帝打猎时打到一只大雁，雁脚上绑了一封苏武写的信，说明苏武没死。匈奴人见被拆穿，才把苏武给放了。后来，人们也把书信叫作雁字。

3. 草舍：茅草屋。柴扉：用树枝编成的门。

4. 鸡晓唱：鸡在天亮时打鸣。雉：野鸡。雉朝飞：野鸡在天明的时候飞起。

5. 红瘦：红花被雨水打落后变得稀疏。绿肥：叶子被雨水清洗后光鲜嫩绿。这句化用了李清照《如梦令》中的名句："知否，知否，应是绿肥红瘦。"

6. 举杯邀月饮：举起酒杯来，邀请月亮与我一起饮酒。这句化用了李白《月下独酌》中的诗句："举杯邀明月，对影成三人。"

7. 骑马踏花归：骑着马儿踏着落花回家。

8. 黄盖：三国时期东吴大将。捷：胜利。赤壁捷：赤壁之战中，黄盖根据曹操战船的特点，建议用火攻，并假装投靠曹营，乘机纵火，最终大败曹军。这句的意思是：黄盖能在赤壁之战中取得胜利。

9. 陈平：汉高祖刘邦的谋臣。白登危：白登即白登山。刘邦曾经被匈奴围困在白登山长达七天七夜，还是陈平出了条妙计，才帮忙解了这场围。这句的意思是：陈平能够化解刘邦的白登之围。

10. 太白：指唐代大诗人李白。书堂：书房。瀑泉垂地三千丈：这句化用了李白《望庐山瀑布》中"飞流直下三千尺"的名句。这句的意思是：李白书房面对着的，是飞流直下三千尺的庐山瀑布。

11. 孔明：指三国时期的诸葛亮。祀庙：后人为纪念诸葛亮而建立的祠堂，即武侯祠。老柏参天四十围：这句化用了杜甫《古柏行》中"霜皮溜雨四十围，黛色参天二千尺"的名句。这句的意思是：后人为诸葛亮而建的祠堂里，参天古柏要四十个人才能围抱起来。

【点评】

"鸡"与"雉"，一是家鸡，一是野鸡，放在一起作对，别有风味。"黄盖"一句是经过作者精心设计的，前后两个历史事件，不仅事件本身可互为对应，就连战争的地点也是对仗的，"赤壁"对"白登"，都各有一个表示颜色的字。

最后一句是作者的匠心之作。用李白书房面对着的景色与诸葛亮祠庙中的景色相对，非常合适；不仅如此，它的妙处还在于，作者在形容这两处景色时分别用了李白和杜甫的诗，而且，只经过了小小的改动，就对得十分工整且富有诗意，这是很不容易的。此外，这两处景色给人的感觉也恰好相互映衬：前者是"飞流直下三千尺"的瀑布，是从上而下坠落的，给人一种雄壮的感觉；后者是"黛色参天二千尺"的古树，是自下而上生长的，彰显一种蓬勃的生命力。二者对照而读，别有一番趣味。

2

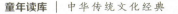

【原文】

戈对甲[1]，幄对帏[2]。荡荡对巍巍。

严滩对邵圃[3]，靖菊对夷薇[4]。

占鸿渐，采凤飞[5]。虎榜对龙旗。

心中罗锦绣[6]，口内吐珠玑[7]。

宽宏豁达高皇量[8]，叱咤喑哑霸王威[9]。

灭项兴刘，狡兔尽时走狗死[10]；

连吴拒魏，貔貅屯处卧龙归[11]。

【字词解释】

1. 戈：古代的一种兵器。甲：古代军人打仗时穿的护身服。

2. 幄：帐幕。帏：帐子。

3. 严滩：在今浙江桐庐县南，相传为东汉严光隐居垂钓的地方。邵圃：秦朝东陵侯邵平归隐种瓜的园圃。

4. 靖菊：晋代诗人陶渊明喜爱菊花，他隐居在山林之中，死后谥号"靖节先生"，靖菊就是指归隐山野的陶渊明。夷薇：相传周武王灭商后，伯夷、叔齐不愿做周的臣子，在首阳山上采薇而食，最后饿死。夷薇就是指坚贞不屈的伯夷、叔齐。

5. 占鸿渐：占卜得到了"鸿渐"一卦，嫁女儿是吉利的。采凤飞：春秋时，齐懿公打算把女儿嫁给陈厉公太子陈完，于是占了一卦，卜辞说二人的结合是"凤凰于飞，和鸣锵锵"，被认为是吉兆。这里比喻夫妻和谐。

6. 罗：充满的意思。锦绣：原指华丽的丝织品，这里指文采。

7. 吐：说出。珠玑：原指珠宝，这里比喻优美的诗文或词藻。

8. 宽宏豁达：胸襟开阔，宽宏大量。高皇：指汉高祖刘邦。

9. 叱咤喑哑：叱咤：怒声吆喝；喑哑：声音低沉；都是形容人发怒的声音。霸王威：指楚霸王豪气盖世。

10. 灭项兴刘：指韩信帮助刘邦灭掉项羽，建立了汉朝。狡兔尽时走狗死：有人告韩信谋反，刘邦逮捕了韩信，韩信说："狡兔死，走狗烹；飞鸟尽，良弓藏。"意思是：狡猾的兔子一死，狗也会很快成为人们的食物；鸟被打尽的时候，人们把良弓也束之高阁不再用了，比喻被人利用后失去了利用价值。

11. 貔貅：传说中的一种猛兽，比喻勇猛的将士。卧龙：指诸葛亮，人称诸葛亮为"卧龙先生"。这句讲的是：诸葛亮赴东吴劝说孙权与蜀国联合起来，抗击魏国。诸葛亮在聚集了文臣武将的东吴舌战群儒，最终说服了群臣与孙权，促成了吴蜀联合抗魏。

【点评】

　　"严滩"与"邵圃"，第一个字是姓氏，以姓氏指代人，第二个字表示二人隐居的地方。"靖菊""夷薇"，第一个字也是表示人名，只不过用"靖菊"却不用"陶菊"，是因为"靖"是仄声字，能与平声字的"夷"相对。第二个字是植物名，对于陶渊明和伯夷这两个人来说，菊花和薇确实是最能代表他们的植物。陶渊明爱菊，诗中也常常有菊花的身影；而伯夷宁可采薇而食也不愿做官，最后饿死在首阳山上。这两个人都淡泊名利，宁愿归隐山林也不愿做官，是古代隐士中最具代表性的人物。

　　"灭项兴刘"对"连吴拒魏"，仔细看这两句，便能看出作者在用词和用典上的用心之处。"灭"与"兴"是一组反义词，相对的"连"与"拒"也是一组反义词，而项羽和刘邦是分庭抗争的两方，吴国和魏国也是三国鼎立中的两方，对得十分恰当，能够从历史事件中找出这样两组相对的例子，确实不容易。

3

【原文】

衰对盛，密对稀。祭服对朝衣[1]。

鸡窗对雁塔[2]，秋榜对春闱[3]。

乌衣巷，燕子矶[4]。久别对初归。

天姿真窈窕[5]，圣德实光辉[6]。

蟠桃紫阙来金母[7]，岭荔红尘进玉妃[8]。

霸王军营，亚父丹心撞玉斗[9]；

长安酒市，谪仙狂兴换银龟[10]。

【字词解释】

1. 祭服：祭祀时所穿的衣服。朝衣：君臣朝会时所穿的衣服。

2. 鸡窗：代指书房。雁塔：大雁塔，在今陕西西安。

3. 秋榜：在秋季举行的乡试。闱：科举考场。春闱：在春季举行的会试。

4. 乌衣巷：地名，位于南京市秦淮河南。晋代此处有王、谢两家豪门大族的宅第，因为这些贵族子弟喜欢穿一身乌衣来显示身份尊贵，因此叫乌衣巷。燕子矶：地名，位于南京市观音门外，是长江三大名矶之首。因为形状像燕子展翅飞翔，所以叫燕子矶。

5. 天姿：天生的姿色。窈窕：形容女子文静而美好。

6. 圣德：圣人的品德，形容品德极其高尚。

7. 紫阙：帝王宫殿。金母：指王母娘娘。神话传说七月七日这天，汉武帝在宫殿中迎

接王母娘娘下凡。

8. 岭荔：生长在岭南的荔枝。红尘：马儿奔跑扬起滚滚烟尘，形容马的速度很快。进：进献。玉妃：指杨贵妃。传说杨贵妃喜欢吃荔枝，唐玄宗就命人从岭南快马加鞭运送来新鲜荔枝，取悦杨贵妃。

9. 霸王：指西楚霸王项羽。亚父：指辅佐项羽的谋士范增。丹心：一片赤诚之心。撞玉斗：鸿门宴上，刘邦借机逃走，托部下张良赔罪，向项羽献上白璧一双，向范增献上玉斗一双。项羽收下了白璧，范增气得拔剑将玉斗击碎。

10. 谪仙：指李白。狂兴：性格豪爽狂放。银龟：唐代文人所佩带的银饰龟袋。李白与诗人贺知章在长安城相见，贺知章邀请李白对酒共饮，但不巧，这一天贺知章没带酒钱，于是便毫不犹豫地解下佩带的银龟换酒，与李白开怀畅饮，一醉方休。

【点评】

"衰"与"盛"是一个同声对，也叫双声对。所谓"双声"，就是说两个字的声母相同，"衰"与"盛"的声母都是 sh，古人在作对时有时候不仅仅满足于意义上的相对，还要利用汉语音节结构的特点来相对。与"双声"相对的就是"叠韵"，"叠韵"就是说两个字的韵母相同或相近。所以，押韵的字也都是叠韵的。运用双声和叠韵，都是为了使对联或诗句具有韵律美，读起来韵味悠长。

"蟠桃"与"岭荔"乍一看只是两种水果，没什么特别的，但仔细分析发现，这是两种非常珍贵的水果，一个种在天上，一个种在地上。种在天上的蟠桃只有王母娘娘才能享用，种在地上的荔枝是要送给杨贵妃吃的。王母娘娘和杨贵妃，一个是天宫之母，一个是人间宠妃，都是一人之下万人之上，二人也是相对的，这就更说明"蟠桃"与"岭荔"并不是作者随意选择，而是有意为之的。"紫阙"与"红尘"也正好相对，第一个字都是表示颜色的字。"金母"对"玉妃"，本来金玉就是相对的，而杨贵妃的名字中又正好有一个"玉"字，对得十分恰当。

鱼　第六章

1

【原文】

羹对饭[1]，柳对榆。短袖对长裾[2]。

鸡冠对凤尾，芍药对芙蕖[3]。

周有若，汉相如[4]。王屋对匡庐[5]。

月明山寺远[6]，风细水亭虚[7]。

壮士腰间三尺剑[8]，男儿腹内五车书[9]。

疏影暗香，和靖孤山梅蕊放[10]；

轻阴清昼，渊明旧宅柳条舒[11]。

【字词解释】

1.羹：肉汤。

2.长裾：下摆比较长的衣服。

3.芙蕖：即荷花。

4.有若：东周鲁国人，字子有，是孔子的弟子。周有若：周朝的有若。汉相如：汉代的司马相如。擅长写辞赋，词藻富丽，最著名的有《子虚赋》《上林赋》。

5.王屋：王屋山，在今山西省。匡庐：庐山，在今江西九江。

6.月明山寺远：月光明亮，山上的寺庙看上去好像很遥远。

7.风细水亭虚：微风吹拂，水边的亭子一片空虚清凉。

8.三尺剑：指宝剑，古代的剑多为三尺长。

9. 五车书：战国时期学者惠施，学识渊博，庄子说他有五车书，后人就用"五车书"来表示学问很高。这句的意思是：有抱负的男儿肚子里都有很大的学问。

10. 疏影：指梅花的枝桠投下稀稀落落的影子。暗香：指梅花散发出的幽幽香气。疏影暗香：指梅花。宋代诗人林逋非常喜爱梅花，他写过"疏影横斜水清浅，暗香浮动月黄昏"的咏梅诗，所以后人就用"疏影"和"暗香"代指梅花。和靖：指林逋，字和靖。孤山：山名，是林逋隐居的地方。这句的意思是：林逋隐居的孤山梅花盛开，梅影稀疏，暗香浮动。

11. 清昼：清凉的白天。渊明：指东晋大诗人陶渊明。舒：舒展。这句的意思是：天气有点儿阴，白天清凉，陶渊明老屋前的柳树枝条舒展。

【点评】

"周有若"对"汉相如"，相对的是两个历史人物，好像没什么特别的；但仔细看一下就会发现，它们的不同之处在于，两个人名意义上是相同的。"有若"在古代汉语里是"相似"的意思，"相如"的意思也是"相似"，作者发现这两个人名可以相对，颇为有趣。

"壮士"与"男儿"表达的是同一个意思，只是为了对仗，便用了两个不同的词。"腰间"与"腹内"都是人体部位，一外一内，对仗工整。"三尺剑"与"五车书"对得很工细，三、五是数词，尺、车是量词，剑、书用来指代抱负和知识。这两句从意义上来说也是一个整体，在古代，男儿建功立业要么是上沙场杀敌，要么是读书考取功名，这里前者讲上战场的抱负，后者讲读书的抱负，正好相对。

最后一句，梅花与柳树相对是很贴切的，而从梅花与柳树联系到林逋与陶渊明，又使这二人对仗，就别有一番深意了。林逋与陶渊明，一个喜爱梅花，一个自称"五柳先生"，二人又都淡泊名利，过着悠闲的隐居生活，因此把他们两人相提并论，别有意趣。

048

童年读库 | 中华传统文化经典

2

【原文】

吾对汝¹，尔对余²。选授对升除³。

书箱对药柜，耒耜对耰锄⁴。

参虽鲁，回不愚⁵。阀阅对阎闾⁶。

诸侯千乘国⁷，命妇七香车⁸。

穿云采药闻仙女⁹，踏雪寻梅策蹇驴¹⁰。

玉兔金乌，二气精灵为日月¹¹；

洛龟河马，五行生克在图书¹²。

【字词解释】

1. 吾：第一人称代词，我。汝：第二人称代词，你。

2. 尔：第二人称代词，你。余：第一人称代词，我。

3. 选授：经过选拔授予官职。升除：升迁就任新的官职。

4. 耒耜：一种翻地的农具。耰锄：用来弄碎土块、平整土地的农具。

5. 参：曾参，孔子的弟子。鲁：迟钝。回：颜回，孔子的弟子。愚：愚笨。

6. 阀阅：古代官宦人家门前的两根石柱，左边的叫阀，右边的叫阅。阎闾：平民的住地。

7. 乘：古代称四匹马拉的战车为乘。诸侯千乘国：有一千辆战车的诸侯国。

8. 命妇：古代受有封号的妇女。七香车：用多种香料涂饰或用多种香木制作的车，指华美的车。

9. 穿云采药闻仙女：传说东汉有两个人到天台上采药，遇到了两个仙女，结果被仙女邀请到家里，与她们成亲。

10. 策：古时赶马用的棍子，一端有尖刺，这里是赶着的意思。蹇驴：瘸驴。踏雪寻梅策蹇驴：相传唐代诗人孟浩然曾冒雪骑着一头瘸驴到灞桥欣赏梅花。

11. 玉兔：指月亮。金乌：指太阳。二气精灵为日月：古人认为，宇宙中存在着相互抗衡的阴阳二气，天地万物都是由它们变化而成的，日月就是二气的精华。

12. 洛龟：洛水里的神龟。传说有神龟从洛水出现，背负"洛书"。河马：黄河里的龙马。传说有龙马从黄河出现，背负"河图"。五行生克：古人认为金、木、水、火、土是构成世界的五种元素，它们之间既相互促进，又相互排斥。

【点评】

"参虽鲁，回不愚"这组对子的上下两句都是有出处的。曾参和颜回都是孔子的弟子，孔子曾经评价曾参，说"参也鲁"，评价颜回的时候说"回也不愚"。这里直接引用了孔子的原话，只不过为了上下两句的衔接，用了个"虽"字联系起来，使得两句话浑然一体，转折得恰到好处。

"阀阅"与"阎闾"是一个同旁对，两个词的偏旁都相同，而意义却正好相反，前者指官宦人家，后者指平民百姓。

"穿云采药"与"踏雪寻梅"是一个很工整的对子。穿与踏都是身体的动作；云与雪都是自然现象，而且都有雪白的特点；药与梅，虽然不如杏与梅对得贴切，但二者都属植物，联系到还要与典故相对，也算是一个比较好的对子。

"玉兔金乌"与"洛龟河马"，动物与动物相对，巧合的是，兔与龟、乌与马在字形上也很相似。"二气"与"五行"同是数量词对数量词，"二气"是天地万物变化的源泉，"五行"是构成世界的五种元素，从这个意义上说，二者都是天地之本，是不可分割的。

3

【原文】

欹对正[1]，密对疏。囊橐对苞苴[2]。

罗浮对壶峤[3]，水曲对山纡[4]。

骖鹤驾，侍鸾舆[5]。桀溺对长沮[6]。

搏虎卞庄子[7]，当熊冯婕妤[8]。

南阳高士吟梁父[9]，西蜀才人赋子虚[10]。

三径风光，白石黄花供杖履[11]；

五湖烟景，青山绿水在樵渔[12]。

【字词解释】

1. 欹：倾斜，歪向一边。

2. 囊橐：盛物的袋子。苞苴：即蒲包，用苇或茅编织成的包裹肉食用的用具。

3. 罗浮：两座名山，在今广东。壶峤：海上的两座仙山。

4. 纡：弯曲，绕弯。

5. 鹤驾、鸾舆：都是宗教传说中仙人所乘的车乘，分别由仙鹤和鸾凤驾着在天空中飞行。舆：车辆。骖：古代驾在车前两侧的马，这里是驾驶的意思。

6. 桀溺、长沮：春秋时的两位隐士。

7. 搏虎卞庄子：卞庄子，鲁国著名的勇士。传说他力大无穷，能独自与虎格斗。

8. 婕妤：古代女官名，是常王嫔妃的称号。当熊冯婕妤：冯婕妤，即汉元帝妃子冯媛。

传说汉元帝在虎圈外观看野兽搏斗，突然一只熊跑出圈外，冯婕妤因挡熊救驾，汉元帝对她心存感激。

9. 南阳高士：指三国时期的诸葛亮，诸葛亮曾隐居在南阳。吟梁父：指《梁父吟》，是古代用作葬歌的一支民间曲调，音调悲切凄苦。这句的意思是：诸葛亮曾经隐居在南阳，喜欢吟唱一首叫《梁父吟》的诗。

10. 西蜀才人：指汉代辞赋家司马相如，蜀郡成都人。赋子虚：指《子虚赋》，是司马相如早期游梁时所作，词藻丰富，描写工丽，散韵相间，是汉赋中的代表作。

11. 三径：泛指隐士的田园。黄花：指菊花。供杖履：可供扶着手杖在其间散步。这句的意思是：田园里的白石、菊花等种种景物，可供隐士扶着手杖在其间散步。

12. 五湖烟景：湖面上烟水苍茫的景色。樵渔：樵夫和渔翁。这句的意思是：樵夫和渔翁在青山绿水的田野间，过着清闲的隐居生活。

【点评】

　　"南阳高士"一句对得十分工整。"南阳"与"西蜀"是地名，而且第一个字都是方位词，正好相对。"高士"与"才人"分别指诸葛亮和司马相如，两人都非常有才华，满腹经纶，巧的是，这两人还都是复姓。"吟梁父"与"赋子虚"对得就更妙了。"梁父"指的是《梁父吟》，"子虚"指的是《子虚赋》，其中的"吟"和"赋"是一种文学体裁。作者将本来应放在后面的这两个字调换了顺序，放在了前面，用作动词，竟然也都能解释得通。"吟"作吟唱讲，"赋"作写作讲，用在这里不仅非常合适，而且把这两个字用活了，比原来的要更好。

　　最后一句写景，用了"三径""黄花""五湖""樵渔"等意象，描绘了一幅闲适的隐居生活图。上句写隐居山野的景色，"白石黄花"不禁让人联想到喜爱菊花的陶渊明；下句写隐居江湖的恬淡，"五湖烟景""青山绿水"又不免让人联想到泛舟西湖的范蠡和西施，一个"在"字，不经意间将樵夫和渔翁带入这幅山水图画中，意境高远、悠长。

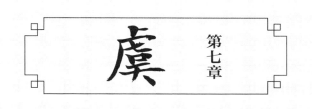

虞 第七章

1

【原文】

红对白，有对无。布谷对提壶[1]。

毛锥对羽扇[2]，天阙对皇都[3]。

谢蝴蝶，郑鹧鸪[4]。蹈海对归湖[5]。

花肥春雨润[6]，竹瘦晚风疏[7]。

麦饭豆糜终创汉[8]，莼羹鲈脍竟归吴[9]。

琴调轻弹，杨柳月中潜去听[10]；

酒旗斜挂，杏花村里共来沽[11]。

【字词解释】

1. 布谷：布谷鸟。提壶：即鹈鹕，一种鸟的名字。

2. 毛锥：毛笔，因笔尖形状如锥，所以叫毛锥。羽扇：用羽毛做的扇子。

3. 天阙：天上的城池。皇都：皇城。

4. 谢蝴蝶：宋代诗人谢逸写过三百多首蝴蝶诗，人称"谢蝴蝶"。郑鹧鸪：唐代诗人郑谷写过一首《鹧鸪》诗，非常有名，人称"郑鹧鸪"。

5. 蹈海：跳海自杀。归湖：归隐江湖。

6. 花肥：指花儿开得十分鲜艳。润：滋润。这句的意思是：花儿开得十分鲜艳，是因为春雨的滋润。

7. 竹瘦：竹子瘦削。疏：梳理。这句的意思是：竹子看上去瘦削，是因为夜晚的凉风卷起了竹叶。

8. 麦饭豆糜：用麦子做的饭，用豆子煮的粥，形容饭食粗糙。终创汉：东汉开国皇帝刘秀，有一次打了败仗，被围困在饶阳，没有东西吃。他的部下冯异拿麦子给他做饭，用豆子给他煮粥，终于帮他渡过了难关。

9. 脍：肉丝。莼羹鲈脍：用莼菜做成汤，把鲈鱼切成丝。竟归吴：东晋的张翰厌倦了官场的生活，每逢秋风起，便思念起家乡的莼菜汤和鲈鱼丝，想要回到家乡吴地。

10. 琴调：用琴弹奏的曲调。潜：悄悄地。这句的意思是：在月光笼罩的杨柳树间，悄悄地听人弹琴。

11. 酒旗：酒馆门前挂起的布帘标识，用来招引顾客。杏花村：泛指卖酒的地方。沽：买。这句的意思是：杏花村的酒馆门前斜斜地挂着酒旗，大家都来这里买酒。

【点评】

"毛锥"对"羽扇"，这两件东西都是古代文人的用品，自然可以相对，即便把词分开，"毛"对"羽"也是非常合适的。

"谢蝴蝶，郑鹧鸪"对得很妙。谢逸与郑谷都是诗人，巧的是，他们两人都有一个外号，源自于他们最喜欢写的诗，而这两个外号居然也能对得上。"蝴蝶"与"鹧鸪"不但都是能飞的动物，而且就汉字的特点来说，它们都是连绵词，都有相同的偏旁，两两相对，在视觉感官上颇具美感。

"麦饭豆糜"与"莼羹鲈脍"都是饭菜，但前者表示粗劣的饭菜，后者表示精致的饭菜。紧接着这两种饭菜之后，作者选取了两个相反的角度来相对：前边的"麦饭豆糜"之后"终创汉"，指刘秀在如此艰苦的条件下竟然仍坚持不懈，最终有所成就；后边的"莼羹鲈脍"下接"竟归吴"，却说张翰因为思念家乡的饭菜而辞官归隐，完善了个人的道德情操。两相对映，别有趣味。

2

【原文】

罗对绮[1]，茗对蔬[2]。柏秀对松枯。

中元对上巳[3]，返璧对还珠[4]。

云梦泽，洞庭湖[5]。玉烛对冰壶[6]。

苍头犀角带[7]，绿鬓象牙梳[8]。

松阴白鹤声相应[9]，镜里青鸾影不孤[10]。

竹户半开，对牖不知人在否[11]？

柴门深闭，停车还有客来无。

【字词解释】

1. 罗、绮：两种华丽的丝织品。

2. 茗：茶树的嫩芽。

3. 中元：中元节，农历的七月十五，为祭祀祖先的日子。上巳：上巳节，农历的三月初三，为水边饮宴、郊外春游的日子。

4. 返璧：指战国时，蔺相如完璧归赵的故事。还珠：指东汉时，合浦太守孟尝合浦珠还的故事。

5. 泽：水积聚的地方。云梦泽：指湖北省江汉平原上的湖泊群。洞庭湖：位于长江中游荆江南岸。

笠翁对韵

6. 玉烛：玉做的烛台。冰壶：盛冰的玉壶。

7. 苍头：白发老人。犀角带：饰有犀角的腰带。

8. 绿鬓：乌黑的鬓发。象牙梳：用象牙制作的梳子。

9. 松阴白鹤声相应：白鹤在松树下鸣叫，叫声互相呼应。

10. 镜里青鸾影不孤：鸾鸟因为看到镜子里自己的影子，感到不那么孤单了。

11. 牖：窗户。竹户半开，对牖不知人在否：竹门半开着，对着窗户看，不知道里面的人还在不在。

【点评】

"中元"与"上巳"这两个节日对得也很别致。在古代，中元节与上巳节都是重要的节日，在这一天，古人要沐浴更衣，或祭祀祖先，或外出游玩。而且，这里的"中"与"上"都是方位词，"元"有"第一"的意思，经常用来纪日，如"上元""下元""元日"，"巳"是干支纪日法中的巳日，也是专门用来纪日的，所以可以相对。

"返璧对还珠"字面上对得很浑然，两个词不仅意义相同，偏旁也两两相对："返"与"还"都是走字旁，"璧"与"珠"都是玉字旁（"珠"左边的"王"实际上是"玉"，很多与玉有关的字都是王字旁，如"环""瑕""玛""瑙"等，这是汉字偏旁的一种简化）。不仅如此，两个词还分别对应一个典故：前者是蔺相如完璧归赵，后者是孟尝合浦珠还，都有物归原主或者是失而复得的意思。

3

【原文】

宾对主，婢对奴。宝鸭对金凫[1]。

升堂对入室[2]，鼓瑟对投壶[3]。

觇合璧，颂联珠[4]。提瓮对当垆[5]。

仰高红日近，望远白云孤。

歆向秘书窥二酉[6]，机云芳誉动三吴[7]。

祖饯三杯，老去常斟花下酒[8]；

荒田五亩，归来独荷月中锄[9]。

【字词解释】

1. 凫：一种水鸟，俗称"野鸭"。

2. 升堂：登上厅堂。入室：进入内室。古代的宫室，前面为堂，后面为室。要进入内室，必须先登上厅堂。

3. 瑟：古代拨弦乐器的一种，形似古琴。鼓瑟：弹琴。投壶：古代宴会时的一种游戏。

4. 觇合璧，颂联珠：古代的一种迷信说法，认为日月合璧、五星联珠，是太平的征兆。觇，观测。

5. 提瓮：提着瓦罐去打水。垆：放置酒坛的土台，这里借指酒店。当垆：卖酒。

6. 歆向秘书：指刘向、刘歆父子，都是西汉末年著名的学者，对先秦典籍的整理、流传起了很大作用。窥二酉：二酉，即大、小酉山，传说秦朝时，曾有人在山中留下了上千卷书籍。窥二酉，意思是读了很多古代的藏书。

7. 机云：指陆机、陆云两兄弟，都是西晋初年著名的文学家。三吴：泛指吴地，陆机、陆云的家乡。这句的意思是：陆机、陆云两兄弟的才华和美名震动家乡。

8. 祖饯：古代饯行的一种隆重仪式，祭路神后，在路上设宴为人送行。

9. 这句的意思是：守着五亩荒田，白天在地里忙农耕，夜晚月光下独自扛着锄头回来。

【点评】

"鼓瑟对投壶"让人有耳目一新之感。曹操《短歌行》里有"我有嘉宾，鼓瑟吹笙"的名句，因此，看到"鼓瑟"，人们自然会想到"吹笙"，作者这里却有意用了"投壶"，虽然未必如"鼓瑟对吹笙"对得工整，不过细细探究，"鼓瑟"与"吹笙"两个词意义上稍显重复，倒是"鼓瑟"与"投壶"更能展现宴会热闹的景象。

"歆向秘书"一句以刘向、刘歆父子与陆机、陆云两兄弟相对，可以说十分贴切。刘向、刘歆不仅是父子关系，而且刘歆子承父业，都是著名的经学家；陆机、陆云不仅是兄弟关系，两人也都年少得志，一同去洛阳，才华轰动京城。"二酉"与"三吴"也对得很好，这两个词都是地名，用在这里却极言学问与才华之大；同时，这也是个数字对，在严格的数字对中，常常有"三"字出现，像下句也出现了"三杯"，这是因为，"三"在中国古代文化中具有十分丰富的含义，不仅如此，在一到十的数字中，只有"三"字是平声，其余都是仄声字，虽然"一、七、八、十"在现代汉语普通话里读平声，但这四个字在古代都是仄声字。

4

【原文】

君对父，魏对吴[1]。北岳对西湖。

菜蔬对茶荈[2]，苣藤对菖蒲[3]。

梅花数，竹叶符[4]。廷议对山呼[5]。

两都班固赋[6]，八阵孔明图[7]。

田庆紫荆堂下茂[8]，王裒青柏墓前枯[9]。

出塞中郎，羝有乳时归汉室[10]；

质秦太子，马生角日返燕都[11]。

【字词解释】

1. 魏、吴：指三国时的魏国和吴国。

2. 荈：茶的老叶。

3. 苣藤：胡麻的别称。菖蒲：一种长在水边的草。

4. 梅花数：即《梅花易数》，相传是宋代邵雍所作，是一种占卜法。竹叶符：即竹使符。一种竹制的信符，右边一半留在京城，左边一半授予郡国。凡是发兵一律使用铜制的虎符，其余的征调才使用竹使符。

5. 廷议：在朝廷上商议大事。山呼：古代臣民对皇帝举行颂祝仪式，叩头高呼三声万岁。

6. 两都班固赋：汉代文学家班固创作的《两都赋》，分《西都赋》和《东都赋》

两篇。

7.八阵孔明图：三国时诸葛亮曾在四川奉节练兵，按照八种阵势进行布局和操练。

8.田庆紫荆堂下茂：传说汉代的田真、田庆、田广三兄弟商议分家，准备把屋前的一棵紫荆树也截为三段，没想到第二天树就枯死了。兄弟大惊，说：树木同株，听说要把它截断就死了，难道人还不如树吗？于是，三兄弟决定不再分家，紫荆树又活了。

9.王裒青柏墓前枯：西晋人王裒的父亲被司马昭杀害，王裒在父亲的墓前抱着柏树痛哭流涕，柏树突然枯萎。

10.羝：公羊。乳：生羊羔。出塞中郎，羝有乳时归汉室：汉代的苏武以中郎将身份出使匈奴，被匈奴扣留，匈奴人扬言要等公羊生下羊羔时才能放他回国。

11.质秦太子，马生角日返燕都：战国末年，燕太子丹在秦国当人质。秦国对他很无礼，于是太子丹向秦王恳请回国，秦王说："乌鸦白头，马生角，一定放你回去。"太子丹仰天而叹，乌鸦果然白了头；低头落泪，马就生出了觭角。秦王不得不放他回国。

【点评】

最后一组对句，把苏武和燕太子丹两个历史人物放在一起，可以说十分绝妙。他们两人虽然生活在不同的朝代，人生经历却惊人地相似：苏武被匈奴扣留，受尽了屈辱；燕太子丹在秦国当人质，被无礼对待。"羝有乳""马生角"显然是违背自然规律，不可能实现的，用在这里更显两人的处境极为艰难。而且，不光是两人的事迹极为相似，在面对敌人时，他们都坚贞不屈，暗暗等待时机到来。最终，经过漫长的等待和坚持不懈的努力，他们都回到了自己的祖国。这两句不论从字面上还是意义上说，都极为相称；作者能从众多的历史事件中将这两个拎出来，组成一对，可见其功力绝不一般。

第八章 齐

1

【原文】

鸾对凤，犬对鸡。塞北对关西[1]。

长生对益智[2]，老幼对旄倪[3]。

颁竹策，剪桐圭[4]。剥枣对蒸梨。

绵腰如弱柳[5]，嫩手似柔荑[6]。

狡兔能穿三穴隐[7]，鹪鹩权借一枝栖[8]。

甪里先生，策杖垂绅扶少主[9]；

於陵仲子，辟纑织屦赖贤妻[10]。

【字词解释】

1. 塞北：长城以北，泛指我国北方地区。关西：函谷关以西的地方。

2. 益智：增益智慧。

3. 旄：通"耄"，老人。倪：小孩。旄倪：老人和小孩。

4. 颁：颁发。竹策：皇帝给诸侯颁发的委任状。圭：古代帝王诸侯举行礼仪时所用的玉器，代表官阶。剪桐圭：相传周成王同他的弟弟叔虞开玩笑，用桐叶剪成圭形，赠给叔虞说，封他为侯。

5. 绵腰如弱柳：形容女子的腰肢十分柔软，像细柳一样。

6. 荑：初生的茅草。嫩手似柔荑：形容女子的手像柔软的茅草一样。

7.狡兔：狡猾的兔子。三穴：三个洞穴。这句的意思是：狡猾的兔子准备了三个洞穴隐藏自己。

8.鹪鹩：一种浅棕色的小型鸟。栖：栖息，这里指筑巢。这句的意思是：鹪鹩只把窝筑在树的一根枝桠上。

9.用里先生：名周术，是秦末汉初的一位著名隐士。策杖垂绅扶少主：扶持年幼的太子。

10.於陵仲子：即陈仲子，战国时齐国的隐士，隐居在於陵。辟纑：纺麻线。织履：编草鞋。楚王想要让陈仲子当丞相，陈仲子不愿意，于是与妻子一起逃走，隐居在於陵。

【点评】

"颁竹策""剪桐圭"两个词都是指皇帝分封诸侯，字面上对得很工整："颁"和"剪"都是动词，"竹"和"桐"都是植物，而"策"和"圭"都是分封的凭证，相当于信物。而且，这组对句还向我们说明了什么是"一般对特殊"："颁竹策"是分封诸侯的一般性仪式，具有普遍性，而"剪桐圭"则是周成王的"专属"，不具有普遍性。但归根结底，两个词表达了相同的意思，这种以具有普遍意义的词对特殊的词，也是对对子中常用的方法。

"狡兔"一句是一组具有强烈对照的反对。"狡兔"与"鹪鹩"都是动物，一个在地上跑，一个在天上飞，它们的栖息方式有很大不同：兔子为了安全，喜欢打好几个洞来隐藏自己；而鹪鹩只把窝筑在一根树枝上。它们一个狡猾，一个专一，形成强烈的对比。

2

【原文】

鸣对吠，泛对栖[1]。燕语对莺啼。

珊瑚对玛瑙，琥珀对玻璃[2]。

绛县老，伯州犁[3]。测蠡对燃犀[4]。

榆槐堪作荫[5]，桃李自成蹊[6]。

投巫救女西门豹[7]，赁浣逢妻百里奚[8]。

阙里门墙，陋巷规模原不陋[9]；

隋堤基址，迷楼踪迹亦全迷[10]。

【字词解释】

1. 泛：鸟飞。栖：停留。

2. 琥珀：古松柏的树脂落入地下形成的化石。

3. 绛县老：春秋时晋国绛县有个老人，不知道自己多少岁了，只知道是正月初一甲子生的，现在已经过了四百四十五个甲子。伯州犁：春秋时晋国大夫伯宗的儿子，伯宗被杀，他跑到楚国去当了大官。

4. 测蠡：用贝壳做的瓢测量大海。燃犀：点燃犀牛角。相传晋代的温峤有一次路过渚矶，人们说水下有怪物，温峤便用点燃的犀牛角往水下照，果然看见许多精灵。后比喻洞察事理。

5. 堪：可以。荫：树阴。这句的意思是：榆树和槐树都可以让人乘凉。

6. 蹊：小路。这句的意思是：桃树和李树因为能给人带来好处，树下自然会有人踩出的一条小路。

7. 巫：巫师。西门豹：战国时期魏国人。这句的意思是：西门豹把巫婆扔到河里，救了很多少女。

8. 赁：租赁，这里指雇用。浣：洗衣服。赁浣：雇用洗衣服的人。百里奚：百里奚雇人来洗衣服，才遇到了自己失散多年的妻子。

9. 阙里：孔子居住的小巷。门墙：指孔子门下的学生。陋巷：孔子的弟子颜回居住的地方，据说非常简陋，但颜回自己却生活得很快乐。这句的意思是：孔子的弟子颜回居住在陋巷里，陋巷因此并不显得简陋寒碜。

10. 隋堤：隋炀帝为游江都，开凿了大运河，在两岸栽种杨柳，堤长一千三百余里，称隋堤。迷楼：传说也是隋炀帝所建，用以寻欢作乐的地方。这句的意思是：隋堤也好，迷宫也罢，都成了历史的残迹，当年的迷宫如今真的迷漫荒草之中了。

【点评】

"珊瑚对玛瑙，琥珀对玻璃"对得很有意思，这几个词不仅在平仄上两两相对，而且都是连绵词，单字拆开没有意义，合在一起便成了漂亮的装饰品。更为巧合的是，每个词都用了相同的偏旁，组成了"同旁对"。

"西门豹"和"百里奚"这两个历史人物相对也显得别出心裁，因为这两人都是复姓，"西门"对"百里"，虽然不如"西门"对"东郭"那样工整，但也算很好了。而且，他们的事迹也有可对的地方：西门豹"救女"，百里奚"逢妻"；"投巫"和"赁浣"不仅从组词方式上相对，"巫"和"浣"还都是一种职业，更显工整。

最后一组对句的特别之处是运用了复辞法。所谓"复辞"，就是将同一个字、词或句子在对句中重复地运用，比如这里的"陋巷规模原不陋""迷楼踪迹亦全迷"，反复用了"陋"和"迷"两个字，起到加强语气的效果。运用复辞法需要注意的是，重复运用的字、词或句子既要紧密联结，又要在意义上有所区别。

3

【原文】

越对赵，楚对齐。柳岸对桃溪。

纱窗对绣户[1]，画阁对香闺[2]。

修月斧，上天梯[3]。蟏蛸对虹霓[4]。

行乐游春圃[5]，工谀病夏畦[6]。

李广不封空射虎[7]，魏明得立为存麑[8]。

按辔徐行，细柳功成劳王敬[9]；

闻声稍卧，临泾名震止儿啼[10]。

【字词解释】

1. 绣户：雕绘华美的门户，多指女子居室。

2. 画阁：彩绘华丽的楼阁。香闺：指未嫁女子的内室。

3. 修月斧：修月亮的斧子。上天梯：登上天的梯子。

4. 蟏蛸：彩虹的别称。虹霓：彩虹。

5. 春圃：春日的园圃。

6. 工谀：善于阿谀奉承的人。夏畦：在炎炎夏日中耕田劳作。这句的意思是：耸起肩膀、装出笑脸奉承别人，比在炎炎夏日中耕田劳作还要难受。

7. 李广：西汉名将李广，驻守边疆，骁勇善战，被称为"飞将军"。空射虎：李广有一次打猎时，看见草丛中有块大石头，以为是老虎，一箭射过去，结果石头吞没了箭头。这句的意思是：李广一生战功卓著，却不得封侯。

8. 魏明：魏明帝曹睿。得立：得以立为太子。麑：小鹿。相传，魏文帝曹丕带着儿子曹睿去打猎，曹丕射杀了一头母鹿，让曹睿将母鹿身旁的小鹿射死，曹睿哭着说："您已经杀死了它的母亲，我不忍心再杀死它。"曹丕认为儿子宅心仁厚，于是将他立为太子。这句的意思是：魏明帝曹睿得以立为太子，是因为不忍射杀小鹿。

9. 按辔：勒住马。徐行：慢慢地走。细柳功成劳王敬：汉代周亚夫在细柳屯兵，军纪森严，汉文帝亲自去慰劳将士，也只能遵照军规，勒住马在军营里慢慢地走。劳王敬意思是获得了汉文帝的尊重。

10. 闻声稍卧，临泾名震止儿啼：唐代大将军郝玼任泾原节度使，在与吐蕃的作战中破敌两万，威震八方，吐蕃人因此不敢过临泾。当时人常常用郝玼的名字吓唬啼哭的小孩子。

【点评】

"李广"一句用李广和魏明两个历史人物来相对，颇有一番意味。"不封"与"得立"是一组反义词，本身没有特别的意味，但在李广后接"不封"有一种英雄不被赏识的遗憾之感，在魏明后接"得立"也有一种意外之感。"射虎"与"存麑"都与动物有关，一个是要射杀动物，一个是为动物求情，也是相对的。而前面的动词"空"和"为"更是神来之笔："空"不仅加强了遗憾的意味，更含有隐隐的愤怒之情；"为"暗含"仅仅是因为"的意味，加强了意外之感。

最后一句没有点出要对的历史人物，如果单从字面上看，对得也是很妥帖的。但要知道是指大将军周亚夫和郝玼，就更见工致了。两人都有着卓越的军事才能，打起仗来如有神助，令敌人闻风丧胆。"劳王敬"与"止儿啼"则分别选取了一个典型的侧面，突出两位大将军的特点：一个军纪严明，连皇帝也要遵守军规；一个威震四方，连小孩子也害怕他。

佳 第九章

1

【原文】

门对户，陌对街¹。枝叶对根荄²。

斗鸡对挥麈³，凤髻对鸾钗⁴。

登楚岫，渡秦淮⁵，子犯对夫差⁶。

石鼎龙头缩⁷，银筝雁翅排⁸。

百年诗礼延余庆⁹，万里风云入壮怀¹⁰。

能辨名伦，死矣野哉悲季路¹¹；

不由径窦，生乎愚也有高柴¹²。

【字词解释】

1.陌：街道。

2.荄：草根。根荄：植物的根。

3.斗鸡：驱使公鸡互相决斗，是古代市井间的一种赌博游戏。麈：指鹿一类的动物，尾巴可以做拂尘。挥麈：挥动麈尾。

4.髻：梳在头顶上的发结。凤髻：古代的一种发型。鸾钗：鸾鸟形状的钗子。

5.岫：山。登楚岫：登上楚地的山。渡秦淮：游览秦淮河。秦淮河，流经南京，是南京市名胜之一。

6.子犯：咎犯，春秋时晋国大臣，曾跟随重耳流亡十九年，后辅佐重耳成为国君。夫差：春秋时期吴国最后一位君主，阖闾之子，在位二十三年。夫差执政时期，吴国极其好战，连年兴师动兵，造成国力空虚，最后被越王勾践灭国。

7. 石鼎：陶制的烹茶用具。龙头：指石鼎上的龙头形装饰。这句的意思是：石鼎上装饰的龙头是低着头的。

8. 银筝：用银装饰的筝。雁翅：指古筝上的琴码，像大雁的翅膀一样。这句的意思是：银筝上雁翅形的琴码是横排着的。

9. 诗礼：《诗经》和《礼经》两部经书。余庆：指留给子孙后辈的德泽。

10. 壮怀：豪壮的胸怀。

11. 名伦：名分伦常。季路：即子路，孔子的弟子。这句的意思是：季路懂得伦理是非，临死也伉直好勇，悲壮从容。

12. 径：小路。窦：旁门。不由径窦：不走歪门邪道。高柴：孔子的弟子。这句的意思是：高柴既不走小路，也不走旁门，不知变通。

【点评】

"子犯对夫差"乍一看是个常见的人名对，但仔细一想，这个人名对得有点别出心裁：第一个字"子"与"夫"在古代汉语里都用作人称代词，"子"是第二人称代词"你"的意思，"夫"有第三人称代词"他"的意思，更显工致。

"石鼎"与"银筝"，一个用来烹茶，一个用来陶冶情操，是古代文人喜爱的两件东西。"石"与"银"正好是这两件物品的材质，可石鼎上有龙头装饰，银筝上没有装饰物怎么办？作者很快联想到，筝上的那一排排琴码不正像大雁的翅膀吗？用"雁翅"对"龙头"，不仅工整，而且再形象不过了。

最后一句以子路与高柴相对，描述了二人不同的性格特征。子路与高柴都是孔子的弟子，"死矣野哉"与"生乎愚也"从字面上看，实词与实词相对，虚词与虚词相对。而且，这两个词也十分准确地展现出两个人的性格特征：子路伉直好勇，高柴不知变通。其中，"生乎愚也"是直接引用了孔子的评价，孔子曾说高柴是"柴也愚"。

2

【原文】

冠对履[1]，袜对鞋。海角对天涯。

鸡人对虎旅[2]，六市对三街[3]。

陈俎豆，戏堆埋[4]。皎皎对皑皑。

贤相聚东阁[5]，良朋集小斋[6]。

梦里山川书越绝[7]，枕边风月记齐谐[8]。

三径萧疏，彭泽高风怡五柳[9]；

六朝华贵，琅琊佳气种三槐[10]。

【字词解释】

1.冠：帽子。履：鞋子。

2.鸡人：古代举行祭祀大典，天快亮时给百官报晓的官。旅：军队。虎旅：勇猛善战的军队。

3.六市、三街：街市纵横，形容都市繁华。

4.俎豆：俎和豆，古代祭祀宴饮时，用来盛祭品的两种礼器。戏堆埋：孟子小时候，家住得离坟地很近，他就和小朋友一起玩埋人堆坟头的游戏，孟母觉得这里不适合孩子居住，于是把家搬到一所学校旁边。

5.东阁：向东开的小门。西汉宰相公孙弘，为了招揽人才，开东门，后以"东阁"为招致、款待贤士的地方。

6. 斋：书房。

7. 越绝：即《越绝书》，历史小说，记载了吴越两国的史地山川及伍子胥、子贡、范蠡等人的活动。

8. 齐谐：古代有《齐谐记》，专门记载奇闻异事。

9. 三径：指家园。三径萧疏：指故园萧条。彭泽高风怡五柳：五柳指东晋诗人陶渊明。陶渊明因不肯为"五斗米而折腰"，弃彭泽县令的官位而归隐家园，在门前栽种了五棵柳树，人称"五柳先生"。

10. 六朝：指江南。琅琊：今山东省胶南市琅琊镇。佳气：美好的云气，象征吉祥、兴隆。三槐：周朝时宫廷外种了三棵槐树，是三公朝见天子的位置，此处指三槐堂王姓家族。这句的意思是：三槐堂王姓起源于琅琊，后迁至江南，家族繁茂，人才辈出。

【点评】

"梦里山川"一句的语序，本来应该是"梦里书越绝山川，枕边记齐谐风月"，但因为要押"佳"韵，所以把"谐"放到了句子的末尾。按照现代汉语普通话的读音，"谐"与"佳"的韵母并不相同，但在古代汉语里，这两个字是在同一个韵部中的，可以相押。这组对句中的每个词拆开来看，不仅词性相对，而且意义也都相关。"梦里"与"枕边"，"山川"与"风月"，"书"与"记"，"越绝"与"齐谐"，都对得非常工整。尤其是"越绝"与"齐谐"，本身单从字面上，也能解释得通，更何况，"越绝"指《越绝书》，"齐谐"指《齐谐记》，就更显得这个对子精妙了。

最后一组对句没有出现人名，如果不知道说的是陶渊明和三槐堂王氏的典故，而把它当作风景与植物的描写，也很恰当：荒园里，风儿吹动着五棵柳树；江南美好的云气，笼罩着几棵槐树。妙就妙在，作者能将历史人物与事件隐藏在句子当中，还能对得如此工致。

3

【原文】

勤对俭，巧对乖。水榭对山斋[1]。

冰桃对雪藕，漏箭对更牌[2]。

寒翠袖，贵荆钗[3]。慷慨对诙谐[4]。

竹径风声籁[5]，花蹊月影筛[6]。

携囊佳韵随时贮[7]，荷锄沉酣到处埋[8]。

江海孤踪，雪浪风涛惊旅梦[9]；

乡关万里，烟峦云树切归怀[10]。

【字词解释】

1. 水榭：建在水边的亭子。山斋：山中居室。

2. 漏箭：漏是古代的一种计时器，在一个容器中装上水，当水慢慢地往外流时，观测容器上指针显示的数据来计算时间。漏箭即指针。更牌：古人晚上报时的一种工具。

3. 翠袖：美人的衣袖。荆钗：用荆木做的发钗，是很简陋的饰品，这里指与丈夫同甘共苦的贤惠妻子。

4. 慷慨：意气风发，情绪昂扬。

5. 籁：声音。这句的意思是：风吹入竹林，竹林发出天籁之音。

6. 筛：指穿过空隙。这句的意思是：月光透过花朵的空隙，照在开满花的小路上。

7. 囊：口袋。佳韵：好的诗句。随时贮：相传诗人李贺外出时总带着个锦囊，想到好的句子就写下来放在锦囊中，晚上回家再修改成诗。

8. 荷锄：背着锄头。沉酣：喝酒喝得大醉。到处埋：相传东晋刘伶很爱喝酒，每次出去都带着酒，还让人背着锄头跟在身后，说要是喝酒醉死了，就把他随处埋了。

9. 孤踪：孤单的行踪。惊旅梦：惊扰了旅人的梦。这里指宋代词人李清照，金兵入侵后，她孤身一人漂泊南方，过着凄苦的生活。这句的意思是：茫茫江海，只剩下李清照一个人，生活的风浪惊扰了她平静的生活。

10. 乡关：故乡。烟峦：烟雾缭绕的山峦。云树：云雾中的树林。切归怀：急切地想回故乡。这里指南北朝诗人庾信，他出使西魏却被扣留，十分思念家乡。这句的意思是：看到烟雾缭绕的山峦和云雾中的树林，便会思念万里之外的故乡。

【点评】

"翠袖"与"荆钗"，这两个词本来只是两种物品，却代指了两类地位悬殊的人，前者指富贵人家的女子，后者指穷人家的女子。而作者又在它们前面各加了一个字，意味又大不同了："寒翠袖"让人想到杜甫的诗"天寒翠袖薄"，讲的是一个被丈夫抛弃的女子，虽然她生在富贵人家，却很不幸；"贵荆钗"则是说贫穷的女子并不富有，但却与丈夫感情很好。短短几个字，却表达了很深的意味。

"携囊佳韵"一句以李贺和刘伶相对，两个人都是不寻常的奇人、怪人。李贺每天苦心孤诣地写诗，外出时也总带着个锦囊来装诗；而刘伶出门则喜欢带着酒，还让人背着锄头，万一自己醉死了，便就地埋了。这两句不仅内容上相互对照，字词上也对得很合适。"携囊"对"荷锄"，对得工稳而雅致，"随时贮"对"到处埋"，也是很工整的对子。

4

【原文】

杞对梓[1]，桧对楷[2]。水泊对山崖。

舞裙对歌袖，玉陛对瑶阶[3]。

风入袂，月盈怀[4]。虎兕对狼豺[5]。

马融堂上帐[6]，羊侃水中斋[7]。

北面黉宫宜拾芥[8]，东巡岱畤定燔柴[9]。

锦缆春江，横笛洞箫通碧落[10]；

华灯夜月，遗簪堕翠遍香街[11]。

【字词解释】

1. 杞、梓：杞树和梓树，两种优质的木材。

2. 桧：桧树，又叫刺柏。楷：楷树，又叫黄连木。

3. 玉陛：帝王宫殿的台阶。瑶阶：玉砌的台阶。

4. 袂：衣袖。怀：胸口。唐代张彦远曾用"清风出袖，明月入怀"来赞美王羲之的书法。

5. 兕：一种像犀牛的凶猛野兽。

6. 马融堂上帐：马融是东汉著名学者，他知识渊博，性格放达，不拘守儒家的法规。他讲课时用红色的帐子把课堂隔成两部分，前面给学生上课，后面安排音乐演奏，意在用音乐开发学生的智慧，这是儒家教学从未有过的事。

7.羊侃水中斋：羊侃是南朝梁末的名将，生活豪华奢侈，他曾经在船上筑水斋宴饮娱乐。

8.北面：古代君主朝南而坐，臣子见君主则是面朝北，所以北面即臣子。黉宫：古代的学校，这里指读书。芥：小草。拾芥：捡起小草，比喻不费吹灰之力。这句的意思是：如果学通了儒家经典，做官就会像捡起地上的小草一样容易。

9.岱：泰山。畤：祭祀天、地、五帝的祭坛。东巡岱畤是指皇帝到泰山封禅。燔：焚烧。燔柴：一种祭祀仪式，将玉帛、祭祀用的牲畜等放在木柴上点燃，把祭品送给神灵。

10.锦缆：用锦缎做缆绳，形容舟船豪华。横笛洞箫：两种乐器，这里指演奏。碧落：指天空。这句是形容春夜江边船上的歌舞盛景。

11.华灯夜月：指正月十五元宵节灯会。遗簪堕翠：丢失的首饰。簪和翠都是古代女子佩戴的首饰。这句的意思是：元宵节灯会非常热闹，人们遍街游赏，挤丢的女子的首饰满大街都是。

【点评】

"风入袂，月盈怀"引用了唐代张彦远"清风出袖，明月入怀"的句子，稍加改编，便成了一个很好的对子。这短短的六个字，表现出一种旷达、清新的意境。特别是动词"入"和"盈"，虽然没有"入"和"出"对得工整，但在表达上，"盈"却比"出"更好，显得更有诗意。

"马融堂上帐，羊侃水中斋"，作者选取"马融"和"羊侃"两个历史人物相对也是别出心裁的，因为这两个人的姓氏都与动物有关。而且，他们两个人的事迹也有可对的地方：不管是"堂上帐"还是"水中斋"，都是为了音乐表演或舞蹈表演而设置的，只不过一个是教学用，有正面意义；一个是个人享乐用，有负面意义。

灰　第十章

1

【原文】

春对夏，喜对哀。大手对长才¹。

风清对月朗，地阔对天开。

游阆苑，醉蓬莱²。七政对三台³。

青龙壶老杖⁴，白燕玉人钗⁵。

香风十里望仙阁⁶，明月一天思子台⁷。

玉橘冰桃，王母几因求道降⁸；

莲舟藜杖，真人原为读书来⁹。

【字词解释】

1. 大手：指某方面有专长的人。长才：有很高才能的人。

2. 阆苑：神话传说中的仙境。蓬莱：传说中海上的仙山。

3. 七政：又称七曜，是日、月和金、木、水、火、土五行。三台：指天上的三台星，位于大熊座中的三对六颗星。

4. 青龙壶老杖：传说东汉的费长房曾跟随一个藏身于壶中的老翁学仙术，一次他要回家，老翁递给费长房一根竹杖，告诉他骑上之后转眼就到。费长房听了老翁的话，一会儿就到家了，他把竹杖一扔，结果竹杖化作一条龙飞走了。

5. 白燕玉人钗：传说曾有神女与汉武帝相会，赠给他一双玉钗，汉武帝将它们转赠给宠妃赵婕妤，后来玉钗化为白燕飞走了。

6. 望仙阁：南朝陈后主为妃子们建造的楼阁，极其奢华，被形容为"微风暂至，香闻数里"。这句的意思是：望仙阁里的香风可以飘出十里远。

7. 思子台：汉武帝为纪念在巫蛊案中冤死的太子刘据而建的。这句的意思是：在思子台上，只有满天的明月陪伴着汉武帝。

8. 玉橘冰桃：传说中的果品。这句的意思是：西王母曾多次送给汉武帝玉橘、冰桃。

9. 莲舟：莲叶做的舟。藜杖：藜茎做的手杖。传说汉朝刘向在天禄阁读书时，曾有一位乘着莲舟、拄着藜杖的老人来见刘向，他吹燃了藜杖，借火光向刘向传授知识。刘向问他是谁，老人回答说自己是天帝派来的太乙真人。

【点评】

"春对夏"，四季如果要成对，必须要有"夏"字，因为在春、夏、秋、冬这四个字中，只有"夏"字是仄声字，其余三个都是平声字，而严格的对仗必须是平仄相对。

"望仙阁"与"思子台"，虽然"望"与"思"意思相似，但是"望仙"与"思子"却表达了不同的心境：一个是快乐的、奢华的，一个是充满了悔恨和痛苦。所以，望仙阁上有十里香风，思子台上却只有清冷的明月，一个繁华，一个孤寂，一个热闹，一个冷清，色调的对比十分鲜明。

2

【原文】

朝对暮，去对来。庶矣对康哉[1]。

马肝对鸡肋[2]，杏眼对桃腮[3]。

佳兴适，好怀开。朔雪对春雷[4]。

云移鸤鹊观[5]，日晒凤凰台。

河边淑气迎芳草[6]，林下轻风待落梅[7]。

柳媚花明，燕语莺声浑是笑[8]；

松号柏舞，猿啼鹤唳总成哀[9]。

【字词解释】

1.庶：众多。庶矣：人口众多。康哉：太平康乐。

2.马肝：古人相传马肝有毒，能致人于死地，所以不吃。鸡肋：吃的话没什么肉，扔掉又可惜。

3.杏眼：像杏子一样圆润的眼睛。桃腮：像桃花一样粉红的脸颊。多形容女子的美丽。

4.朔雪：北方的雪。春雷：春天打的雷。

5.鸤鹊观：汉武帝修建的一座宫殿的名字。云移指时光流转，鸤鹊观也成为历史。

6.淑气：温和之气。迎芳草：指草发芽，即初春时节。

7. 落梅：立春前后，蜡梅开始凋落，满地落花似雪。

8. 柳媚花明、燕语莺声：形容春光明媚。浑是笑：指代游春玩乐。

9. 松号柏舞：松树怒号，柏树狂舞，形容狂风吹过的样子。猿啼鹤唳：猿和鹤凄厉地啼叫。这句的意思是：狂风吹过，松树怒号，柏树狂舞，猿和鹤凄厉地啼叫，给人一种可怖、凄惨的感觉。

【点评】

"河边淑气迎芳草，林下轻风待落梅"，这组对句对得很工整，每个词都一一对应，而其中对得最好的，是两个动词"迎"与"待"。"迎"是迎上前的意思，"待"是等待的意思，一个主动，一个被动，但用在句子中，则都表达一种主动的意味。轻风等待着"落梅"，何尝又不是期待着"落梅"呢？一个"待"字，将整个画面写活了，显得灵动、轻巧。

最后一组对句，选取了自然界中的几种景物进行对照，色调对比鲜明。一边是"柳媚花明""燕语莺声"，另一边是"松号柏舞""猿啼鹤唳"。一边是暖色调，春光明媚；一边是冷色调，凄凉悲怆，形成了非常强烈的对比。在古代诗文中，这几种意象都有着较为固定的内涵："柳、花、燕、莺"，给人一种欢快、明朗的感觉，常用来渲染欢乐的气氛；"松、柏、猿、鹤"，则给人一种严肃、沉重的感觉，常用来渲染悲凉、萧瑟的气氛。

3

【原文】

忠对信，博对赅[1]。忖度对疑猜[2]。

香消对烛暗[3]，鹊喜对蛩哀[4]。

金花报，玉镜台[5]。倒罍对衔杯[6]。

岩巅横老树[7]，石磴覆苍苔[8]。

雪满山中高士卧[9]，月明林下美人来[10]。

绿柳沿堤，皆因苏子来时种[11]；

碧桃满观，尽是刘郎去后栽[12]。

【字词解释】

1.博：广博。赅：完备。

2.忖度：猜测。

3.香消：指女子去世。烛暗：香烛燃尽，指人死去。

4.鹊喜：喜鹊的叫声能报喜。蛩：蟋蟀。蛩哀：蟋蟀的叫声听上去很悲哀。

5.金花报：古代科举考试，进士得中后会通报家门，叫作金花报喜。玉镜台：借指订婚。

6.罍：一种圆口三足的青铜酒器。杯：酒杯。倒和衔都是喝酒的动作，引申为喝酒。

7.巅：山顶。这句的意思是：山顶上有棵横生的老树。

8. 石磴：石头台阶。这句的意思是：石阶上长满了青色的苔藓。

9. 雪满山中高士卧：指高士生活清贫但有操守，借用了袁安困雪的故事。袁安是东汉名臣，没做官的时候很穷。有一年冬天下大雪，洛阳令去拜访袁安，却见袁安冻得正蜷在床上发抖。洛阳令问他为什么不找亲戚救济一下，袁安说，大家的日子都不好过，他又怎么好去打扰人家呢。洛阳令很佩服袁安的贤德，就举他为孝廉。

10. 月明林下美人来：隋朝的赵师雄到罗浮山游玩，他在松林旁遇见一位穿着朴素的清丽女子，二人言谈甚欢，酣畅共饮。不一会儿又有一个绿衣童子进来，在一旁欢歌笑舞。过了不久赵师雄就睡着了，等到他被冻醒时，发现他正躺在一棵大梅花树下，树上有只翠绿羽毛的小鸟在鸣叫。原来赵师雄梦中的女子就是梅花，绿衣童子就是小鸟。

11. 苏子：指宋代大诗人苏轼，他在杭州做官时，曾让人在西湖的堤岸上种了很多柳树。

12. 刘郎：指唐代大诗人刘禹锡，他被朝中人排挤，被贬官到外地。后来他写了首诗："玄都观里桃千树，尽是刘郎去后栽。"意思是：朝中得势的那些官员，不过是我走后爬上来的罢了。

【点评】

"香消对烛暗"，本来"香消玉殒"是一个词，"香消"与"玉殒"也可以相对，只不过这里要押"灰"韵，"殒"字属于"文"韵，不能相押。"烛暗"对得倒也合适，与"香消"在意义上都有人的生命走到尽头的意思。

最后一组对仗，是经过作者精心选择的，所以，从字面到含义，都对得天衣无缝。"绿柳"对"碧桃"，"堤"对"观"，"苏子"对"刘郎"，"种"对"栽"，都对得极为工整。不仅这些实词两两相对，虚词的选择也恰到好处，"皆"与"尽"在范围上相对，"时"与"后"在时间上相对。

真　第十一章

1

【原文】

莲对菊，凤对麟。浊富对清贫[1]。

渔庄对佛舍[2]，松盖对花茵[3]。

萝月叟，葛天民[4]。国宝对家珍。

草迎金埒马[5]，花醉玉楼人。

巢燕三春尝唤友[6]，塞鸿八月始来宾[7]。

古往今来，谁见泰山曾作砺[8]；

天长地久，人传沧海几扬尘[9]。

【字词解释】

1.浊富：道德败坏的富人。

2.渔庄：打鱼人聚居的村庄。佛舍：供奉佛像的庙宇。

3.松盖：指松树，松树的形状就像古时候马车的篷盖一样，所以叫松盖。茵：铺垫的东西。花茵：花开得繁盛，像铺了地毯一样。

4.叟：老人。萝月叟：月下走在藤萝盘绕的山路上的老人。葛天民：葛天氏时代的人，指无忧无虑、无拘无束的人。葛天氏是传说中的上古帝王。

5.埒：矮墙。埒马：晋朝王济生活奢侈，挥金如土，他十分爱马，给马建跑马场，还用绳穿钱，围着跑马场的矮墙绕了一圈。

6. 巢燕：巢里的燕子。三春：阳春三月。这句的意思是：阳春三月，巢里的燕子就开始啼叫，呼朋唤友了。

7. 塞鸿：塞外的鸿雁。宾：宾客。鸿雁是定期迁徙的候鸟，到了秋冬季节，它们会成群结队地飞往南方过冬。这句的意思是：塞外的鸿雁直到八月才飞往南方去作客。

8. 砺：磨刀石。泰山作砺：泰山变成一块小小的磨刀石，比喻遥遥无期，不可能出现的情况。

9. 沧海：即沧海桑田，大海变成农田，比喻世事变化很大。扬尘：即东海扬尘，东海变成陆地，扬起灰尘。也是比喻时势变迁。这句的意思是：天长地久，人们传说连大海也已经好几次变成陆地了。

【点评】

“萝月叟”对“葛天民”，其实并没有“萝月叟”这个典故，而是作者造出来的，不过却造得很好，与“葛天民”正好对得很工整。而且，值得注意的是，这个对子使用了借对的方法：“葛天民”的“葛”字其实是人名，而“萝月叟”的“萝”指藤萝，显然，“葛”字是借用了植物葛根的“葛”字，因此这两个字才能相对。

“巢燕”一句用三月的燕子与八月的大雁相对，实际上也是春天与秋天景物的相对。春与秋本来就是自然界提供的最佳配对：春天温暖，秋天清凉；春天万物复苏，秋天百花凋零；春天燕子啼叫，秋天大雁南飞。并且，这里用了嗷嗷待哺的“巢燕”，更突出那种万物生长的生机勃勃之感。

“古往今来”与“天长地久”可以说是个天造地设的好对子，这两个词都是人们常用的成语，都指时间漫长，而且句型结构也很相似。古、今对天、地，往、来对长、久。“泰山曾作砺”与“沧海几扬尘”用山和海两种难以改变的事物，表现世事变迁，从而表达对世事变化之大的感慨。

2

【原文】

兄对弟，吏对民。父子对君臣。

勾丁对补甲[1]，赴卯对同寅[2]。

折桂客，簪花人[3]。四皓对三仁[4]。

王乔云外舄[5]，郭泰雨中巾[6]。

人交好友求三益[7]，士有贤妻备五伦[8]。

文教南宣，武帝平蛮开百越[9]；

义旗西指，韩侯扶汉卷三秦[10]。

【字词解释】

1.勾丁：捉拿壮丁。甲：古代士兵的护身衣，这里指士兵。补甲：补充士兵，征兵。

2.赴卯：办公。古代官员卯时报到，开始办公。同寅：同僚。

3.折桂客、簪花人：均指考中进士。古代科举考试正逢秋季桂花开，因此用折桂来比喻考试得中。得中进士后，要在帽子上簪花以显示荣耀。

4.四皓：指汉初的四位隐士。三仁：指商朝三位有贤德的人。

5.舄：鞋。王乔云外舄：东汉王乔有仙术，他每个月都来朝见皇帝，但却不见他乘坐车马。皇帝对他行动迅速感到奇怪，就让人暗中观察，结果发现王乔每次来的时候都有一对野鸭飞来。人们张网捕捉，结果只捉到一只鞋。

6. 郭泰雨中巾：东汉郭泰有一次外出遇到下雨，他的头巾折起了一角，人们以为他是故意的，觉得很雅观就纷纷效仿。

7. 三益：即孔子说的友直（正直）、友谅（宽容）、友多闻（见多识广）。

8. 五伦：指君臣、父子、兄弟、夫妇、朋友这五种人伦关系。

9. 文教：文明、教化。南宣：推广到南方。百越：我国古代南方各地族群的总称。武帝平蛮开百越：汉武帝时统一了南方百越，设立郡县，推广中原文化。

10. 义旗西指：指秦末农民起义。韩侯：指初汉三杰之一的韩信。三秦：指关中地区。卷三秦：刘邦听从韩信的建议，取得关中之地，为楚汉相争打下了基础。

【点评】

"勾丁对补甲"这个对子也是用借对的方法。"丁"是壮丁，"甲"是盔甲，本来意义上关联不大，但"丁"与"甲"同时都是天干中的名称，因此可以相对。"甲"可以引申出"士兵"的意义，在这个意义上与"丁"倒是也能相对，因为在古代，很多士兵都是靠抓壮丁抓过去充当的。

最后一句不仅对仗工整，而且意义上也相关，写的都是汉代的皇帝开疆扩土的事迹。前一句写汉武帝向南方百越推广中原文化，实际上是建立了对百越的统治；后一句写汉高祖取得了关中地区，为最后赢得天下奠定了基础。"百越"与"三秦"都是地名，第一个字都是数词，第二个字都是国名，结合在一起又都泛指某个地区。动词"开"和"卷"用得很好："开"有开化的意思，突出汉武帝推行的文宣对百越产生的正面影响；"卷"有席卷的意思，突出汉军战无不胜、攻无不克的特点。

3

【原文】

申对午[1]，侃对訚[2]。阿魏对茵陈[3]。

楚兰对湘芷[4]，碧柳对青筠[5]。

花馥馥，叶蓁蓁[6]。粉颈对朱唇。

曹公奸似鬼[7]，尧帝智如神。

南阮才郎羞北富[8]，东邻丑女效西颦[9]。

色艳北堂，草号忘忧忧甚事[10]；

香浓南国，花名含笑笑何人[11]。

【字词解释】

1.申：申时，指代傍晚。

2.侃：说话理直气壮。訚：和颜悦色地争辩。

3.阿魏、茵陈：两味中药。

4.楚兰：楚地的兰花。芷：一种香草。

5.筠：竹子的青皮。青筠：青色的竹子。

6.馥馥：香气很浓。蓁蓁：茂盛的样子。

7.曹公奸似鬼：曹公即曹操，人们说他为人奸诈。

8.南阮才郎羞北富：魏晋时期，阮氏家族共同居住在路的南边和北边，因此分为南阮和北阮。南阮贫穷，北阮富有。阮籍与侄子阮咸居住在路南，二人非常贫穷但很有才能。

9. 东邻丑女效西颦：说的是东施效颦的故事。西施是我国历史上四大美女之一，她有心痛的毛病，但她手扶胸口、皱起眉头的样子却比平时更加漂亮。同村女子东施见了觉得西施这样很美，于是也模仿西施心口痛的样子，但因为她本来就长得丑，再加上刻意模仿，反而让人觉得更丑了。

10. 北堂：指母亲的居室。忘忧：即忘忧草，古代游子远行前，会在母亲居住的北堂前种萱草，希望借此减轻母亲对孩子的思念。

11. 含笑：即含笑花，香气浓郁，生于我国南方，故称香浓南国。

【点评】

“楚兰”与“湘芷”是两种香草，屈原在《楚辞》里有很多歌咏它们的句子，因此这两种香草也就成了君子的代名词。楚地有湘江，在地点上也能相对。

“南阮才郎差北富，东邻丑女效西颦”以一组鲜明的对比引出才郎和丑女的故事，颇有趣味。首先，在这个对子里，穿插了东、西、南、北四个方位词，文字上形成了一种错落有致的感觉。其次，这些方位词本身就是典故中有的，浑然天成。“南”与“北”、“东”与“西”形成一组对照，另一组对照则暗含其中，即贫与富、丑与美：南阮的贫与北阮的富，东施的丑与西施的美，两相对照，更显别致。

最后一句用忘忧草和含笑花相对，别出心裁。两种植物的名称有可以相对的点：“忧”与“笑”都是指人的情感。“草号忘忧忧甚事”与“花名含笑笑何人”运用了顶真的修辞手法，将“忧”与“笑”重复了两次。所谓顶真，就是将前一节奏末尾的字，用作后一节奏开头的字，使两个音节首尾相连，前后承接，产生上递下接的效果，好像串珠子似的一种对句方法。顶真与叠字形式上相仿，但本质上不同：叠字的两个字意义和用法完全相同，顶真的两个字则不同，如第一个“忧”是名词，指忧伤，第二个“忧”用作动词，指担忧。

文 第十二章

1

【原文】

忧对喜，戚对欣[1]。二典对三坟[2]。

佛经对仙语，夏耨对春耘[3]。

烹早韭，剪春芹。暮雨对朝云。

竹间斜白接[4]，花下醉红裙。

掌握灵符五岳篆[5]，腰悬宝剑七星纹[6]。

金锁未开，上相趋听宫漏永[7]；

珠帘半卷，群僚仰对御炉熏[8]。

【字词解释】

1.戚：忧愁、悲哀。欣：欢乐、喜欢。

2.二典：《尧典》和《舜典》的合称。三坟：指三皇之书，即伏羲、神农、黄帝之书。

3.耨：古代一种锄草的农具。耘：除草。

4.白接：即白接篱，古代一种以白鹭羽毛装饰的帽子。晋朝的山简喜欢喝酒，醉酒后连帽子都戴歪了，所以叫"斜白接"。

5.篆：多写于黄色纸帛上，是记录天神的名讳秘文。这句的意思是：道士修炼到一定程度后，就可以掌握三山五岳的灵符，统领鬼神。

6.七星纹：指北斗七星。这句的意思是：腰中佩带饰有北斗七星图案的宝剑。

7. 上相：指朝廷的大臣。宫漏：铜壶滴漏，是古代皇宫用于计时的一种器具。这句的意思是：大臣们上朝来得早，皇宫的大门还没打开，只能在外面等候。

8. 群僚：群臣。御炉：御用的香炉。这句形容的是上朝的情形。

【点评】

　　"忧对喜，戚对欣"是两个反对，但两句的意思相同。所以，这其中实际上还隐含了另外两个对子，那就是"忧对戚，喜对欣"，二者形成两个正对。

　　"竹间斜白接，花下醉红裙"中对得最妙的是"白接"与"红裙"，不仅第一个字都是表示颜色的字，而且都是穿戴在身上的衣物。"斜"与"醉"虽然对得没那么工整，但是"斜"暗含喝醉酒把帽子戴斜了的意思，与"醉"也算是能对得上的。

　　最后一句不仅字面上对得很工整，而且前后两句在意义上也很连贯。前一句写上朝的大臣们在宫门口等候的情景，后一句写大臣们在朝堂上的情形。"金锁"与"珠帘"、"宫漏"与"御炉"不仅两两相对，而且写出朝堂上摆设的华贵，描绘出一种高贵华丽的色调。"趋听"与"仰对"则将大臣们毕恭毕敬的神态写活了，一从听觉，一从视觉，刻画出大臣们小心翼翼、如履薄冰的样子。

2

【原文】

词对赋，懒对勤。类聚对群分。

鸾箫对凤笛，带草对香芸[1]。

燕许笔，韩柳文[2]。旧话对新闻。

赫赫周南仲[3]，翩翩晋右军[4]。

六国说成苏子贵[5]，两京收复郭公勋[6]。

汉阙陈书，侃侃忠言推贾谊[7]；

唐廷对策，岩岩直谏有刘蕡[8]。

【字词解释】

1.带草：即书带草，是一种多年生常绿草本植物，可以用来编竹简。香芸：是芸香一类的香草，它的特异香气能防虫。

2.燕许笔：燕指燕国公张说，许是许国公苏颋，二人以文章出名。韩柳文：韩、柳指唐宋八大家的韩愈和柳宗元，二人都是古文运动的倡导者。

3.赫赫：威武的样子。周南仲：南仲是周文王时开拓疆域的名将，他平定了西方的昆夷、鬼方等国，解除了灭商的后顾之忧。

4.翩翩：风流潇洒的样子。晋右军：右军即晋朝王羲之，曾做过右军将军。

5.六国：指燕、赵、韩、魏、齐、楚六国。苏子：指战国时的苏秦。苏秦游说六国

笠翁对韵

联合起来对抗秦国，身佩六国相印，风光一时。

6.两京：指西都长安和东都洛阳。郭公：即唐朝名将郭子仪。郭子仪一生屡建奇功，但他从不居功自傲，因此在朝中有极高的威望。

7.汉阙：指代西汉。陈书：向皇帝提出建议。贾谊：西汉著名的政治家、文学家。他博览群书，经常向汉文帝提出一系列改革建议，这些建议发展了社会生产，巩固了汉王朝的统治。

8.对策：一种考试方法，把策题写到简册上，让应举者作文回答，策题多以政事设问，答策则相当于发表政见。刘贲：唐代进士，他在对策时写了一篇叫《策论》的文章，在文章中大胆抨击宦官权贵，无所顾忌。

【点评】

有句古话叫"物以类聚，人以群分"，"类聚对群分"就是选取了其中的两个词组成了对子，对得非常好。"类"与"群"都表示类别，"聚"与"分"是反义词，与第一个字连在一起却成了近义词。《笠翁对韵》中有不少从现成的词语或熟语中拿来的对句，如"四支"中"山亭对水榭"，"七虞"中"升堂对入室"，"九佳"中"海角对天涯"等都是这样的对子，说明古人在造词时也往往注意对仗，以求得声韵的优美和文字的整齐。

"六国说成"一句前面都对得很工整，"六国"与"两京"、"说成"与"收复"、"苏子"与"郭公"都两两相对，最后一个字"贵"与"勋"在词性上却不一致，"贵"是形容词，有显贵的意思，说的是苏子因为游说成功而身份显贵；"勋"是名词，是功勋的意思，说的是两京收复是郭公的功勋。词性不一致，按说不能相对，但还有一种理解，可以把"贵"理解成"贵人"的意思，即苏子被六国当成贵人，这样就能相对了，只是稍显勉强。

3

【原文】

言对笑，绩对勋。鹿豕对羊羵[1]。

星冠对月扇[2]，把袂对书裙[3]。

汤事葛，说兴殷[4]。萝月对松云[5]。

西池青鸟使[6]，北塞黑鸦军[7]。

文武成康为一代[8]，魏吴蜀汉定三分[9]。

桂苑秋宵，明月三杯邀曲客[10]；

松亭夏日，薰风一曲奏桐君[11]。

【字词解释】

1. 豕：猪。羊羵：即羵羊，古代传说中的土中怪物。

2. 星冠：装饰着像星星一样的珠宝的帽子。月扇：形状像满月的扇子，即圆形有柄的圆扇。

3. 把袂：握住衣袖，指握手。书裙：指作书于裙，晋朝羊欣小时候很得书法家王献之的喜爱；一次羊欣午睡时，王献之在他的衣服前襟上写了几幅字，羊欣醒来后将其视为珍宝，多多加以揣摩，因此书法有了很大长进。后人则以书裙称好友来访。

4. 汤事葛：汤，商汤，商朝的建立者。葛，商汤时的小国。葛国的君主不祭祀，商汤想帮他祭祀，他反而抢夺了商汤。商汤知道葛伯是不能用帮助的办法来争取的，就率兵灭了葛国。说兴殷：说是傅说，殷是殷商。傅说辅佐殷商安邦治国，商朝从此兴盛起来。

5. 萝月：藤萝间的明月。松云：松树间的白云。

6. 西池：王母娘娘所住的瑶池。青鸟使：王母娘娘每次出行，都先让一只青鸟报信。

7. 北塞：北方的边塞。黑鸦军：唐末李克用统领的守塞军队，全都穿黑色的衣甲，人称黑鸦军。

8. 文武成康为一代：指西周初期的周文王、周武王、周成王、周康王，西周在他们的统治下十分太平。

9. 魏吴蜀汉定三分：三国时的魏、蜀、吴三国鼎立，确定了天下三分的格局。

10. 桂苑：开满桂花的园子。秋宵：秋夜。明月三杯：出自李白《月下独酌》"举杯邀明月，对影成三人"，即月下饮酒时，人、影、月成三人。曲客：酒客。这句说的是在月下饮酒的情形。

11. 松亭：四周长满了松树的亭子。薰风：传说帝舜得五弦琴，作《南薰之歌》。桐君：指琴，好的琴多是由桐木制成，因此用"桐君"代指琴。这句说的是夏日在松下抚琴的情形。

【点评】

"青鸟"与"黑鸦"字面上对得非常工整，"青鸟"给人一种喜悦、吉祥的感觉，"黑鸦"则给人一种厌恶、不祥的感觉，这正好是上下两句所表达出的感情色彩。上句"西池"是传说中神仙的住所，下句"北塞"则是偏僻蛮荒的地方；"青鸟"是给人报喜讯的使者，而"黑鸦军"则给人带来战争。两句对照鲜明，具有强烈的感染力。

"文武成康"与"魏吴蜀汉"用王朝来作比，很有意思。而且，一个是太平盛世，一个是乱世末年，也正好相对。不过，"文武成康"是四个皇帝，"魏吴蜀"只有三个国家，怎么能对得整齐呢？作者于是在后面加了个"汉"字，凑成四个字，一来"东汉末年分三国"，汉与三国曾经并存，不影响意思；二来也能凑成整齐的对子。

最后一句，正常的语序应该是"三杯曲客邀明月"与"一曲桐君奏薰风"，但因为这部分要押"十二文"的韵，必须把"君"字放在最后，所以，最后一句必须改为"薰风一曲奏桐君"，相应地，上句也要随之修改。语序变化之后，难免会影响到句意，这就需要我们有一定的古文阅读功底，把语序还原成原来的顺序，就好理解了。

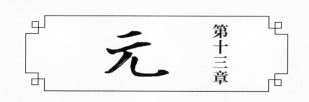

第十三章

元

1

【原文】

卑对长[1]，季对昆[2]。永巷对长门[3]。

山亭对水阁，旅舍对军屯。

扬子渡，谢公墩[4]。德重对年尊。

承乾对出震，叠坎对重坤[5]。

志士报君思犬马[6]，仁王养老察鸡豚[7]。

远水平沙，有客泛舟桃叶渡[8]；

斜风细雨，何人携榼杏花村[9]。

【字词解释】

1.卑：卑微。长：长辈，地位高的。

2.季：弟弟。昆：哥哥。

3.永巷：汉代拘禁宫女的地方。长门：即长门宫，汉代的冷宫。

4.扬子渡：扬子江的渡口。谢公墩：东晋时谢安曾登过的山。

5.承乾、出震、叠坎、重坤：乾、震、坎、坤是《易经》中的四个卦名。承乾、出震、叠坎、重坤是这四卦符号的特点。

6.志士报君思犬马：古时候臣子对君主常自比为犬马，表示愿意像犬马那样奔走效劳。

7. 仁王：施行仁政的君主。仁王养老察鸡豚：孟子向梁惠王阐述仁政时，讲到具体的实施措施，说到"鸡豚狗彘之畜，无失其时，七十者可以食肉矣"，意思是说饲养鸡、猪、狗等家禽家畜，不要耽误它们的繁殖时机，这样上了年纪的人就可以吃到肉了。

8. 桃叶渡：渡口名。这句的意思是：远处有平坦沙滩的河流处，就是桃叶渡，那儿有人正在河上划船。

9. 榼：古时的盛酒器皿。杏花村：指卖酒的地方。这句的意思是：天上正下着雨，刮着风，是谁带着空酒壶来到了杏花村？

【点评】

　　"永巷对长门"是个很好的对子。"永巷""长门"都是汉代宫里的地名，而且，二者都与后宫有关。吕后曾在永巷囚禁过戚夫人，汉武帝也曾在长门冷落过陈阿娇，二者相对，意蕴就更丰富了。而且，从字面上说，这两个地名也很相配，"永"对"长"、"巷"对"门"，都十分工整。

　　"扬子渡，谢公墩"则运用了借对的手法。"谢公墩"说的是有关谢安的事，所以"谢"是姓，而"扬子渡"的"扬"却是地名，这里借来表示姓氏，以便与"谢"相对。

　　最后一句，"渡"和"村"都是地点，可以相对；而"桃叶"与"杏花"，都是植物，并且，"桃叶渡"与"杏花村"也确实有这样的地名。"有客"与"何人"也对得颇有趣味，前者是肯定语气，后者是疑问语气，而实际上意思又都是肯定的。作者用不同的手法表达相同的意思，是为了避免在句式上一成不变，显得呆板。

2

【原文】

君对相，祖对孙。夕照对朝曛[1]。

兰台对桂殿[2]，海岛对山村。

碑堕泪，赋招魂[3]。报怨对怀恩。

陵埋金吐气[4]，田种玉生根[5]。

相府珠帘垂白昼[6]，边城画角动黄昏[7]。

枫叶半山，秋去烟霞堪倚杖[8]；

梨花满地，夜来风雨不开门。

【字词解释】

1. 朝曛：早晨的阳光。

2. 兰台：皇宫里收藏典籍的地方。桂殿：帝王后妃所居的深宫。

3. 碑堕泪：晋朝羊祜逝世后，襄阳百姓为他建碑立庙，人们每当瞻望庙前所立的碑石，无不为之落泪。赋招魂：即招魂赋，为《楚辞》中一篇。楚怀王客死秦国后，屈原奉命为楚怀王招魂而作。

4. 陵埋金吐气：相传秦始皇南巡时，有人预言五百年后金陵会出天子，因此，秦始皇便命人铸造金人埋在金陵，以镇王气。

5. 田种玉生根：相传古时候有个叫杨伯雍的人，有人给了他一袋石子，嘱咐他种在平坦的高地之上，这样就会长出玉来。杨伯雍听了他的话，果然种出了美玉。

6. 相府：宰相的府邸。珠帘：珍珠做的帘子。垂白昼：整日静静地垂挂着。

7. 边城：边塞。画角：古代军中乐器。动黄昏：打破了黄昏的寂静。

8. 烟霞：指半山红叶的艳丽色彩。堪倚杖：值得人们好好观赏。

【点评】

"相府珠帘"一句对照鲜明，上句写宰相的府邸，是内景；下句写战争不断的边塞，是外景。而且，"珠帘"是富贵人家的东西，衬托出相府的富贵气象，一个"垂"字也勾勒出环境的悠闲与安宁；而"画角"是军中用的东西，声音悲凉，再加上"动黄昏"，更显得萧索。其实，相府的珠帘并不只在白天垂着，晚上也同样垂着，但这里却选择了"白昼"一词；而边塞的画角也不只在黄昏的时候吹响，但这里却选择了"黄昏"一词，都是为了对比更加强烈。

"枫叶半山"与"梨花满地"，都给人一种衰败、萧索的感觉，而紧接着的下一句，却又笔锋一转，表达一种闲适的心情：枫叶虽然飘落，还有"烟霞"可以好好观赏；梨花虽然满地，只要把门关上，风雨也不会进到家里来。虚词"堪"与"不"意义相反，正好相对，却又能让两句话都表达肯定的意思。

寒

第十四章

1

【原文】

家对国，治对安。地主对天官。

坎男对离女¹，周诰对殷盘²。

三三暖，九九寒³。杜撰对包弹⁴。

古壁蛩声匝⁵，闲亭鹤影单⁶。

燕出帘边春寂寂⁷，莺闻枕上漏珊珊⁸。

池柳烟飘，日夕郎归青琐闼⁹；

砌花雨过，月明人倚玉阑干¹⁰。

【字词解释】

1. 坎男、离女：坎、离是《易经》的两个卦名，分别代表男和女。

2. 周诰：指《尚书》中关于西周的《大诰》《康诰》《酒诰》等文献。殷盘：指《尚书》中关于殷商的《盘庚》上、中、下三篇。

3. 三三暖：三三指农历三月三日上巳节，春暖花开，天气开始变暖。九九寒：九九指农历九月九日重阳节，天气开始变冷。

4. 杜撰：没有根据地编造。包弹：批评指责。宋代的包拯刚正不阿，弹劾不避权贵，人称包弹。

5. 蛩：蟋蟀。匝：环绕。这句的意思是：蟋蟀的叫声在破败的墙边回响。

6. 闲亭：清冷的亭子。这句的意思是：清冷的亭边只有一只鹤的影子孤孤单单。

7. 燕出帘边：燕子从窗帘边飞进飞出。寂寂：形容清冷的样子。

8. 莺闻枕上：靠在枕头上听夜莺啼叫。漏：滴漏，古代计时器。珊珊：形容轻盈舒缓的样子，这里指缓慢。

9. 日夕：太阳落山。闼：门。青锁闼：青锁指翰林院晚上值班的地方，因为门上刻有青色的连锁花纹，因此叫青锁闼。这句的意思是：池边柳树上柳絮飞舞，太阳落山了，翰林学士前往有青琐门的翰林院值班。

10. 砌：台阶。砌花：台阶边的花。阑干：同"栏杆"。这句的意思是：雨水打落了台阶边的花，明亮的月光下，寂寞的人正独自倚着白玉栏杆。

【点评】

"治对安"乍一看好像不是很工整，但需注意的是，这里的"治"不是"治理"的意思，而是安定、太平的意思，是一个形容词，所以，与"安"相对是非常合适的。

"三三暖，九九寒"对得新奇别致。将数字重叠使用，工整又巧妙，不仅在意义上表达准确，而且在韵律上也十分和谐。

"莺闻枕上"在语序上其实颠倒了，本来应该是"枕上闻莺"，但为了与上句"燕出帘边"相对，只好调整语序。后面的"春寂寂"与"漏珊珊"则对得更巧妙。这两个词使用了叠字法，使得表达的意思更加完整且富有诗意，也使得全句的节奏舒缓，生动地描摹出孤独和百无聊赖的样子。

2

【原文】

肥对瘦，窄对宽。黄犬对青鸾。

指环对腰带，洗钵对投竿[1]。

诛佞剑，进贤冠[2]。画栋对雕栏。

双垂白玉箸[3]，九转紫金丹[4]。

陕右棠高怀召伯[5]，河南花满忆潘安[6]。

陌上芳春，弱柳当风披彩线[7]；

池中清晓，碧荷承露捧珠盘[8]。

【字词解释】

1. 洗钵：钵是僧人用来盛饭的器皿，洗钵代指出家。投竿：丢掉渔竿，借用姜太公钓鱼的典故，代指做官。

2. 佞：奸臣。诛佞剑：杀奸臣的宝剑。进贤冠：古代朝见皇帝所戴的一种礼帽。

3. 箸：筷子。双垂白玉箸：据说高僧得道后，临终时会有白色液体从鼻孔中流出，就像垂下来的一双白玉筷子。

4. 九转：形容多次。九转紫金丹：道家炼制的长生不老药，要经过许多步骤才能成功。

5. 陕右：关中地区。棠：甘棠树。召伯：周文王的儿子，分封在陕右。召伯政绩卓著，在他的住处有一棵甘棠树，召伯走后，人们对这棵树备加爱护，并作了一首《甘棠》诗纪念他。

6.潘安：即潘岳，西晋文学家。他出任河阳县令时，结合当地的地理情况令全县遍种桃花，深得百姓喜爱。

7.陌：东西走向的小路。陌上：指田间。当风：正对着风。披彩线：指嫩叶的浅黄、柳枝的青绿，像彩线一样挂在柳树上。

8.这句的意思是：清晨天刚亮的时候，池塘中碧绿的荷叶上凝结着大大小小的露珠，就像盘子里的珍珠一样。

【点评】

"洗钵对投竿"字面上是两个动词，实际上两个词各有隐含的意思，"洗钵"代指出家，"投竿"代指做官。这两个词无论从字面义还是从深层义上都能相对，说明作者在选取时别出心裁。

最后一句写景，前一句写春天的景色，后一句写夏天的景色，以岸边的柳树和池塘里的荷叶相对，十分恰当。首先，柳树和荷叶是最能代表这两个季节的植物；其次，它们一个生长在地上，一个生长在水塘中。更妙的是，"披彩线"与"捧珠盘"不仅字面上对得很好，还是两个十分形象的比喻，将柳树的新枝比喻成彩线，将荷叶上的露珠比喻成盘子里的珍珠，恰到好处，赋予了柳树和荷叶灵动的气息，让人仿佛能看到柳条在风中飘舞，露珠在荷叶上晃动的美丽画面。

3

【原文】

行对卧，听对看。鹿洞对鱼滩¹。

蛟腾对豹变²，虎踞对龙蟠³。

风凛凛，雪漫漫。手辣对心酸。

莺莺对燕燕，小小对端端⁴。

蓝水远从千涧落⁵，玉山高并两峰寒⁶。

至圣不凡，嬉戏六龄陈俎豆⁷；

老莱大孝，承欢七衮舞斑斓⁸。

【字词解释】

1. 鹿洞：鹿栖息的洞穴。鱼滩：鱼聚集的水滩。

2. 蛟腾：蛟是龙的一种，腾指升腾变化。豹变：幼豹的皮毛看起来又脏又乱，但长到一定程度后会变得非常好看，豹变用来指人从恶转向善。

3. 踞：蹲、坐。虎踞：像老虎一样蹲着。蟠：环绕。龙蟠：像蛟龙一样盘着。形容地势雄伟险要。

4. 小小：指南齐时著名歌妓苏小小。端端：指唐代扬州名妓李端端。

5. 蓝水：即蓝溪，在蓝田山下。涧：山间流水的沟。这句的意思是：蓝溪的水远远地从千条溪涧中流过来。

6.玉山：即蓝田山，在今陕西省蓝田县。这句的意思是：玉山高耸冷峻，两峰并峙。

7.至圣：指孔子。陈：摆放。俎豆：俎和豆都是古代祭祖、设宴用的器具。这句的意思是：至圣孔子非同一般，六岁玩耍时就会摆弄礼器。

8.老莱：即老莱子，春秋时期著名思想家。老莱子为人孝顺，为了使年迈的父母高兴，七十多岁时还经常穿着彩衣，做出婴儿的动作取悦父母。七衮：七旬，七十多岁。斑斓：指彩衣的颜色绚丽。

【点评】

"莺莺对燕燕，小小对端端"连用两个叠字对，文字上形成一种工整的美感。不仅如此，前后两句在意义上也有联系。"莺莺燕燕"本指妓女，也形容女子的笑语嗓音十分动听。而"小小"与"端端"正是古代的两位名妓，用"莺莺燕燕"形容她们再合适不过了。

"蓝水远从千涧落，玉山高并两峰寒"以溪水与山川相对，描绘出一幅大气壮美的山水图：水从山涧间落下，奔腾着流向远方；高山冷峻，山峰上残留的积雪隐隐约约，透露出阵阵寒意。这正是早春时节雪水融化的山间景象。

最后一句宣扬的是中国传统文化中的礼——祭祀祖先和孝顺父母。孔子和老莱子作为礼乐教化的典范，以自己的实际行动践行礼节。孔子从小就对礼制产生了浓厚的兴趣，与其他小孩玩耍时，常把祭祀时用的祭器摆列出来，练习磕头行礼。长大后，孔子开办私学，主张"仁"，提倡"克己复礼"，教导人们爱人讲礼。老莱子是孝顺父母的典范，在我国民间流传的《二十四孝图》中有一幅"老莱娱亲图"，讲的就是老莱子穿戴上小孩子的彩衣花帽，手里摆弄着拨浪鼓，手舞足蹈地在父母面前嬉笑耍乐。

删

第十五章

1

【原文】

林对坞[1]，岭对峦。昼永对春闲[2]。

谋深对望重[3]，任大对投艰[4]。

裙袅袅，佩珊珊[5]。守塞对当关[6]。

密云千里合[7]，新月一钩弯。

叔宝君臣皆纵逸[8]，重华父母是嚚顽[9]。

名动帝畿，西蜀三苏来日下[10]；

壮游京洛，东吴二陆起云间[11]。

【字词解释】

1. 坞：指四面高、中间低的地方。

2. 昼永：白昼漫长。春闲：春耕后的空闲时间。

3. 谋深：深谋远虑。望重：声望很高。

4. 任大：责任重大。投艰：赋予重任。

5. 裙袅袅：衣裙随风飘舞的样子。珊珊：玉器碰撞发出的响声。佩珊珊：玉佩叮当作响。

6. 守塞：驻守边塞。当关：把住关口。

7. 密云千里合：天空布满了乌云。

8. 叔宝：指南朝陈后主陈叔宝。陈叔宝在位时，不过问军国大事，日夜与妃嫔、文臣宴饮作乐。纵逸：恣意放纵，沉溺声色。

9. 重华：指虞舜，传说他一只眼睛里有两个瞳孔，因此叫重华。嚚顽：愚蠢而顽固。

10. 帝畿：指京城管辖的地区。西蜀三苏：指北宋著名文学家苏洵和他的两个儿子苏轼、苏辙。他们是四川眉山人，因此称西蜀三苏。苏轼、苏辙曾同榜应试及第，轰动京城。日下：这里指京城。来日下：来到京城。

11. 京洛：京都洛阳。东吴二陆：指晋朝文学家陆机、陆云两兄弟，他们的家乡在云间。

【点评】

　　"裙袅袅，佩珊珊"这两句对得很妙，不仅字面上非常贴切，而且两句话连起来有一种整体性，让人仿佛看到一个迎面而来的婀娜女子。同时，这两句话还用了叠字法，"袅袅"形容身体姿态的轻盈，"珊珊"形容配饰声音的清润，都能增强表达效果，更生动地描绘出这个场景。

　　"密云千里合，新月一钩弯"对仗工整，描绘出一幅淡雅的水墨风景图。"千里"极言天空的广阔无边，场景壮阔，以"千里"对"一钩"，十分有诗意，更显得那一轮明月轻巧明丽，意境极为明净优美。

　　最后一组对句，以"三苏"和"二陆"作比，也是别有一番心思。苏洵和苏轼、苏辙是父子，陆机和陆云是兄弟，他们都曾因才华而轰动京城。而且，他们的家乡一个在西蜀，一个在东吴，不论是"西"对"东"，还是"蜀"对"吴"，都十分工整，可以说是天造地设。"日下"与"云间"也对得非常巧妙。"云间"是地名，它与"日下"相对，是巧借了它还有白云之间的意思，而"日下"字面上虽是太阳底下的意思，却还能指代京城。所以，这两个词相对，都是借用了它们的另一个意思。

2

【原文】

临对仿，吝对悭[1]。讨逆对平蛮[2]。

忠肝对义胆，雾鬓对云鬟[3]。

埋笔冢，烂柯山[4]。月貌对天颜。

龙潜终得跃，鸟倦亦知还。

陇树飞来鹦鹉绿[5]，池筠密处鹧鸪斑[6]。

秋露横江，苏子月明游赤壁[7]；

冻云迷岭，韩公雪拥过蓝关[8]。

【字词解释】

1.悭：吝啬小气。

2.讨逆：讨伐叛逆。平蛮：平定侵略者。

3.雾：脸旁靠近耳朵的头发。鬟：古代妇女梳的发髻。雾鬓云鬟：头发像飘浮萦绕的云雾一样，形容女子秀发美丽。

4.埋笔冢：陈、隋间的僧人智永喜欢书法，他曾在寺里专心练字，毛笔用坏了就扔进大瓮里，结果三十年下来积攒了好几瓮，后来智永把这些毛笔集中埋在一个地方，称为"埋笔冢"。烂柯山：晋代的王质到山里砍柴，见到两个童子在下棋，王质就在旁边看，看了一会儿王质起身回家，却发现手里的斧头木柄已经腐烂了，而当他到家时，家乡已经完全变了模样。

5.陇：田埂。鹦鹉绿：一种小酒杯的颜色，这里代指美酒。这句的意思是：在田边的树下喝酒。

6.筠：竹子的青皮。鹧鸪斑：一种有鹧鸪斑点花纹的茶盏。这句的意思是：在池塘边的竹子下喝茶。

7.苏子：指苏轼。苏东坡曾两次泛舟游赤壁，写下了名垂千古的《赤壁赋》。这句的意思是：秋天的露水落在江面上，苏轼在明亮的月光下游览了赤壁。

8.韩公：指韩愈。韩愈因上表劝谏触怒了唐宪宗，被贬为潮州刺史。在赴任途中，遇雪受阻，侄孙韩湘前来送行。这句的意思是：冬天的阴云遮住了秦岭，韩愈在大雪纷飞中路过了蓝关。

【点评】

"陇树飞来"一句在语序上也进行了调整，本来应是"陇树飞来绿鹦鹉，池筠密处斑鹧鸪"，但因为要押"删"韵，所以把"斑"字放在了最后。相应的，前一句的"绿"字也要放在最后。不过，这样的语序调整不影响对整句话的理解，是可行的。如果调整了语序，韵能押上了，意思却变得难以理解，那也是不可取的。

最后一组对句别出心裁，不但以苏轼和韩愈相对，选取的词也与二人的作品有关。前面的两个四字句，"秋露横江"与"冻云迷岭"，分别是从苏轼与韩愈的作品中选取并稍加改编的："秋露横江"引自《赤壁赋》"白露横江，水光接天"，"冻云迷岭"引自《左迁至蓝关示侄孙湘》"云横秦岭家何在"，妙就妙在这样引来，却还能对得这么工整。后面接的七字句，把前面所引诗的作者和出处写了出来，而且浑然天成，一点都不生硬。"赤壁"与"蓝关"的第一个字还都表示颜色，更显工致。

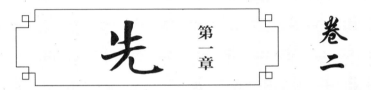

卷二　第一章　先

1

【原文】

寒对暑，日对年。蹴鞠对秋千[1]。

丹山对碧水，淡雨对覃烟[2]。

歌宛转，貌婵娟[3]。雪鼓对云笺[4]。

荒芦栖南雁[5]，疏柳噪秋蝉[6]。

洗耳尚逢高士笑[7]，折腰肯受小儿怜[8]。

郭泰泛舟，折角半垂梅子雨[9]；

山涛骑马，接篱倒看杏花天[10]。

【字词解释】

1. 蹴鞠：古代一种类似足球的运动。

2. 覃烟：袅袅的炊烟。

3. 宛转：委婉而动听。婵娟：姿态美好。

4. 雪鼓：有雪浪形纹装饰的鼓。云笺：有云状花纹的纸。

5. 荒芦栖南雁：南飞的大雁栖息在荒凉的芦苇中。

6. 疏柳噪秋蝉：秋蝉在稀疏的柳树间鸣叫。

7. 洗耳尚逢高士笑：洗耳的是许由，高士是隐士巢父。传说尧帝时，尧请许由代他治理天下，许由不肯，认为尧的话污染了他的耳朵，便来到河边清洗耳朵，正巧碰见巢父牵着牛饮水。巢父知道了许由清洗耳朵的缘由，不仅没有同情他，还嘲笑他说："你要是一直住在深山里，谁能看见你？就是因为你到处游荡，换取名声，尧才要让位于你，你现在却来这里洗耳朵，别故作清高了！"

8. 折腰肯受小儿怜：晋代的陶渊明辞官回乡，说"吾不能为五斗米折腰，拳拳事乡里小儿"，意思是不愿意为了一点俸禄而屈于权贵。

9. 折角半垂梅子雨：东汉的郭泰有一次外出遇到下雨，他的头巾折起了一角，人们以为他是故意的，觉得很雅观就纷纷效仿。

10. 接篱：即白接篱，用白鹭羽毛装饰的帽子。接篱倒看杏花天：晋朝的山简喜欢喝酒，醉酒后连帽子都戴歪了。山涛是山简的父亲，这里属于误用典故。

【点评】

"蹴鞠对秋千"是个很有特点的对子。"秋千"原文本写作"鞦韆"，与"蹴鞠"不仅是个同旁对，还使用了双声与叠韵的方法："秋千"这两个字的声母都是 q，是双声；"蹴鞠"这两个字的韵母都是 u，是叠韵。前面说过，双声与叠韵是吟诗作对时经常使用的技巧，因为汉语是有韵律的，运用双声与叠韵，是为了加强节奏感，达到一种整齐和谐的韵律效果。接下来的"歌宛转，貌婵娟"中，"宛转"与"婵娟"也是运用了叠韵的方法，而且，这两个叠韵词还叠用了同一个韵 an。

"洗耳"一句虽然没有点出人物的姓名，但一看到"洗耳"与"折腰"，就知道说的是巢父、许由与陶渊明的典故。他们都是高洁的人，向往隐居的田园生活。"洗耳"与"折腰"不仅对仗，而且用了极为夸张的手法，表现二人的高洁与志气。"肯受"是用肯定的语气表达否定的意思，实际是"不肯受"。

2

【原文】

轻对重，肥对坚¹。碧玉对青钱²。

郊寒对岛瘦³，酒圣对诗仙⁴。

依玉树，步金莲⁵。凿井对耕田。

杜甫清宵立⁶，边韶白昼眠⁷。

豪饮客吞波底月，酣游人醉水中天⁸。

斗草青郊，几行宝马嘶金勒⁹；

看花紫陌，千里香车拥翠钿¹⁰。

【字词解释】

1. 肥：多肉。坚：结实。分别形容马和车。

2. 青钱：青铜铸造的钱币。

3. 郊寒、岛瘦：郊指孟郊，岛指贾岛。寒和瘦指两位诗人的诗风，他们的诗作多清奇悲凄，且讲究苦吟推敲，锤字炼句，往往给人一种寒瘦窘迫的感觉。

4. 酒圣：指杜康。诗仙：指李白。

5. 依玉树：指男子的气度玉树临风。步金莲：指女子迈着纤脚走路。

6. 杜甫清宵立：杜甫因忧愁国事和思念家人，半夜睡不着觉，独自在月下站立。

7. 边韶白昼眠：边韶是东汉著名学者，有一次大白天在课堂上睡着了，学生们嘲笑他。边韶说："我肚子里装的是儒家经典，睡着的时候跟周公相会，安静时与孔子同心，你们嘲笑我有什么根据呢？"

8.豪饮：畅快痛饮。酣游：恣意游乐。吞波底月、醉水中天：是指把水当酒，人在水中喝酒。

9.斗草：古代女子中流行的一种游戏，比试在规定的时间内谁采摘的花草种类最多。青郊：踏春郊游。金勒：指出游的车马。

10.紫陌：指京城郊外的道路。翠钿：用翠玉制成的首饰，这里指贵族女眷。

【点评】

"依玉树，步金莲"表面上写树和莲，实际上描写的是男子和女子的气质：描写男子有"玉树临风"一词，描写女子也有"三寸金莲"一词，各取其中的"玉树"和"金莲"，代指男子和女子，十分合适。巧的是，这两个词正好能对得工整。

"豪饮客吞波底月，酣游人醉水中天"这两句的意思相同，都是指人喝醉了酒，把池中的水当酒喝。虽然意义相同，但因为换用了不同的说法，因此并不显得重复累赘；"豪饮客"与"酣游人"、"波底月"与"水中天"对得不仅工整，还能表达相同的意思，可见作者的文字功底深厚。

3

【原文】

吟对咏，授对传。乐矣对凄然[1]。

凤鹏对雪雁，董杏对周莲[2]。

春九十，岁三千[3]。钟鼓对管弦。

入山逢宰相[4]，无事即神仙[5]。

霞映武陵桃淡淡[6]，烟荒隋堤柳绵绵[7]。

七碗月团，啜罢清风生腋下[8]；

三杯云液，饮余红雨晕腮边[9]。

【字词解释】

1.乐矣、凄然：乐是高兴，凄是悲伤，矣和然是语气助词。

2.董杏：三国东吴时的董奉，行医治病不收取报酬，只让病人为他栽杏树，病重的栽五棵，病轻的栽一棵，结果数年后共种了十万棵杏树，郁然成林。周莲：宋代的周敦颐非常喜爱莲花，曾写过名篇《爱莲说》。

3.春九十：春天共有九十天。岁三千：王母娘娘蟠桃园中的桃树，三千年一熟。

4.入山逢宰相：南朝梁时的陶弘景隐居在茅山，梁武帝时常入山，向他请教国家大事。

5.无事即神仙：没有烦心事，那才是像神仙一样逍遥啊。

6.武陵：陶渊明在《桃花源记》里，记载了一个武陵渔人偶然发现桃花源，那里自给自足，生活恬静，人人自得其乐。

7.烟荒：冷落荒凉。隋堤：隋炀帝在大运河河堤上种植了许多柳树，堤长一千三百余里，称隋堤。

8.月团：茶的一种。啜：饮。清风生腋下：指茶味清香，令人神清气爽。

9.云液：古代扬州的名酒。红雨晕腮边：指人饮酒后脸颊绯红。

【点评】

"霞映武陵桃淡淡，烟荒隋堤柳绵绵"不仅字面上对得工整雅致，而且意义上相互对照。前一句是写理想中的世外桃源，渲染出明快、祥和的氛围；后一句是写现实中的社会，一个"荒"字，映射出现实社会的不如意。

最后一句写饮茶与饮酒的乐趣，对得十分工整。前四个字中，"七碗"与"三杯"是数量词，"月团"与"云液"分别是茶和酒的名字，有趣的是"月"与"云"也对得很好。后七个字中，"啜罢"与"饮余"都表示"喝完"，而且"啜"字有"细细品尝"的意思，用来写饮茶再合适不过了。"清风生腋下"与"红雨晕腮边"就更妙了，饮茶和饮酒在什么地方上相似呢？原来，是它们带给人的感官享受——饮完茶后仿佛腋下生清风，饮完酒后两颊绯红。无论是"清风"与"红雨"，还是"腋下"与"腮边"，都对得既工整又恰当。

4

【原文】

中对外，后对先。树下对花前。

玉柱对金屋，叠嶂对平川[1]。

孙子策，祖生鞭[2]。盛席对华筵。

解醉知茶力，消愁识酒权[3]。

丝剪芰荷开冻沼[4]，锦妆凫雁泛温泉[5]。

帝女衔石，海中遗魄为精卫[6]；

蜀王叫月，枝上游魂化杜鹃[7]。

【字词解释】

1.叠嶂：重叠的山峰。平川：地势平坦的地方。

2.孙子策：孙子即春秋时的军事家孙武，著有《孙子兵法》。祖生鞭：祖生是东晋的祖逖，鞭是鞭策，催人发奋。

3.这句的意思是：茶能解酒，酒能消愁。

4.芰：菱角。芰荷：指菱叶与荷叶。丝剪芰荷：用锦缎剪成菱叶与荷叶的形状。沼：水池。开冻沼：在池子里开放。有一年，隋炀帝在秋冬时节游玩，花草树木大多凋谢了，所以就命人用丝绸剪成荷花，插到池子里供他观赏。

5.凫：野鸭。锦妆凫雁：用锦绣缝制成凫雁。温泉：指华清池。唐玄宗曾命人用锦绣缝制成凫雁放于水中，和杨贵妃二人在水中乘舟嬉戏。

6.精卫：上古时期炎帝的女儿，有一次她到东海游玩时被淹死，灵魂化作了精卫鸟，常常飞到西山去叼石头和树枝扔进东海，想要填平大海为自己报仇。

7.蜀王：即杜宇，春秋时期蜀国君主，死后因不忍离开蜀地人民，化身为杜鹃鸟，昼夜鸣叫，声音凄切。

【点评】

"丝剪芙蓉"一句，把隋炀帝和唐明皇放在一起对仗很有意思，因为两个人确实有相似的地方：他们都继承了先祖留下的大好基业，却追求享乐，最后给国家招来灾难——隋炀帝把隋朝毁了，唐明皇虽然没致灭国，但也使唐朝国力大减。这个对子选取了这两位皇帝的典型事例做对比，一个用人工剪成的花卉装扮水池，一个用锦绣缝制成凫雁放在水中，两件事异曲同工，都是两个皇帝纵情享乐的极致表现。这样的对仗，在立意上新颖别致，发人深省。

最后一组对句，表现的都是神话传说中的故事，精卫填海与杜鹃啼血。这两个故事具有同样的悲剧气息，在对仗上显得更加和谐。"精卫"与"杜鹃"都是鸟，而且都是主人死后幻化成的精魂，对仗工整。"海中"与"枝上"相对，前者是实指，因为精卫确实是在海里淹死的，后者是虚指，是为了与"海中"相对而生造的，因为杜宇的典故中并没有提到"枝上"，但是用在这里不仅对仗，还十分合理，因为鸟儿总是会落在树枝上的。

第二章

1

【原文】

琴对管，<u>釜</u>对瓢¹。水怪对花妖。

秋声对春色，白<u>缣</u>对红<u>绡</u>²。

<u>臣五代，事三朝</u>³。斗柄对弓腰⁴。

醉客歌<u>金缕</u>⁵，佳人<u>品</u>玉箫⁶。

风定落花闲不扫⁷，霜余残叶湿难烧⁸。

千载兴周，<u>尚父一竿投渭水</u>⁹；

百年<u>霸越</u>，<u>钱王万弩射江潮</u>¹⁰。

【字词解释】

1.釜：古代的一种锅。

2.缣：厚实的丝织品。绡：用生丝织成的很薄的丝织品。

3.臣五代：五代时的冯道，曾先后在后唐、后晋、后辽、后汉、后周五个朝代任职。

事三朝：南北朝时期的沈约，曾先后在宋、齐、梁三朝中为官。

4.斗柄：北斗七星勺柄部位的三颗。弓腰：弯着腰。

5.金缕：指曲调《金缕曲》《金缕衣》，这里代指所唱的歌。

6.品：吹奏。佳人品玉箫：美人吹奏着玉箫。

7.风定落花闲不扫：风停了，有人闲着却不打扫满地的落花。

8. 霜余残叶湿难烧：凝结了秋霜的树叶很潮湿，很难点着。

9. 尚父：指姜子牙。一竿投渭水：姜子牙曾在渭水边垂钓，周文王请他出山辅佐周朝。

10. 霸越：在越地称霸。钱王：指吴越国国王钱镠。万弩射江潮：用一万支箭射退了潮水。

【点评】

"斗柄"与"弓腰"、"金缕"与"玉箫"都使用了借对的手法。"弓腰"的"弓"借用为弓箭的"弓"，来与前面的"斗"相对；"金缕"的"金"也并没有金子的意思，只是借用了这个意思，与后面的"玉箫"相对。

"风定落花"一句，从字面上看对得很工整，"风"对"霜"，"花"对"叶"，"扫"对"烧"，这几个实词对得都很恰当。而且，所描绘的画面也很相称，前一句讲故意不扫落花，有种高人雅士的情怀；后一句又充满了秋冬落叶萧索的气息。不过，如果作为一联诗来看，上下两句的粘连性不够，前一句讲春天，后一句又突然转到秋天，没有任何衔接，显得很生硬。

最后一组对句，运用了几个数字穿插其中，使得句子更加有生气。前四个字，"千载兴周"与"百年霸越"，"千"和"百"都是约数；后七个字中，"一竿"与"万弩"形成悬殊的对比："一"字衬托出姜太公的从容气势，"万"字则显示出钱王的气概非凡。整个对仗因为数字的渲染，而显得气势磅礴，具有厚重的历史感。

2

【原文】

荣对悴[1]，夕对朝。露地对云霄[2]。

商彝对周鼎[3]，殷濩对虞韶[4]。

樊素口，小蛮腰[5]。六诏对三苗[6]。

朝天车奕奕[7]，出塞马萧萧[8]。

公子幽兰重泛舸[9]，王孙芳草正联镳[10]。

潘岳高怀，曾向秋天吟蟋蟀[11]；

王维清兴，尝于雪夜画芭蕉[12]。

【字词解释】

1. 荣：草木茂盛。悴：衰弱枯萎。

2. 露地：指大地。

3. 彝、鼎：古代祭祀用的青铜礼器。

4. 殷：商汤。濩：指《大濩》，是商汤时的舞乐。虞：虞舜。韶：指《大韶》，是虞舜时的舞乐。

5. 樊素口：樊素的嘴小巧鲜艳如同樱桃。小蛮腰：小蛮的腰柔弱纤细如同杨柳。

6. 六诏：唐代分布在我国西南的六个少数民族部落。三苗：从黄帝至尧舜禹时代时期居住在我国西南的少数民族。

7. 朝天：朝拜天子。车奕奕：车马众多。

8. 出塞：出使边塞。马萧萧：形容马的嘶鸣很凄凉。

9. 泛舸：乘船游览。

10. 镳：马嚼子两端露出嘴外的部分。联镳：并马而行。

11. 潘岳：指潘安。高怀：高尚的胸怀。秋天吟蟋蟀：潘岳曾写过名篇《秋兴赋》，其中有"蟋蟀鸣乎轩屏"的句子。

12. 王维：唐代大诗人，擅长书画。清兴：兴致高雅。雪夜画芭蕉：王维曾画过一幅《雪中芭蕉》图。

【点评】

　　樊素和小蛮都是白居易的家姬。樊素善歌，小蛮善舞，白居易曾写诗"樱桃樊素口，杨柳小蛮腰"来称赞她们，"樊素口，小蛮腰"就来自于这句诗。樊素的嘴小巧鲜艳，如同樱桃；小蛮的腰柔弱纤细，如同杨柳。现在常说的樱桃嘴、小蛮腰，也都是从白居易那里学来的。

　　"朝天车奕奕，出塞马萧萧"也是一组强烈的对比，"车奕奕"仅三个字，写出从各地前来朝拜天子的人络绎不绝的热闹场面；"马萧萧"通过写马的嘶鸣声，更加映衬出使者心情的悲凉。方向上也形成对比：一个向内，一个向外。色调上，一个热闹欢快，一个孤寂凄凉。

3

【原文】

耕对读，牧对樵[1]。琥珀对琼瑶。

兔毫对鸿爪，桂楫对兰桡[2]。

鱼潜藻，鹿藏蕉[3]。水远对山遥。

湘灵能鼓瑟[4]，嬴女解吹箫[5]。

雪点寒梅横小院[6]，风吹弱柳覆平桥[7]。

月牖通宵，绛蜡罢时光不减[8]；

风帘当昼，雕盘停后篆难消[9]。

【字词解释】

1. 耕：指农民。读：指读书人。牧：指牧民。樵：指砍柴人。

2. 桂楫、兰桡：用桂树和木兰制成的船桨，楫和桡都是划船用的工具。

3. 鱼潜藻：鱼藏在水草下面。鹿藏蕉：鹿躲到芭蕉后面。

4. 湘灵：即娥皇和女英。鼓瑟：弹琴。

5. 嬴女：指秦穆公的女儿弄玉。

6. 雪点寒梅横小院：雪装点了梅花，梅花不畏严寒在院子里开放。

7. 风吹弱柳覆平桥：风吹拂着杨柳，杨柳的枝条拂到了桥面上。

8. 牖：窗户。绛蜡：红烛。这句的意思是：月光透过窗户照进来，即使熄灭红烛，房间里依然很明亮。

9. 雕盘：雕有花纹的盘子。篆：篆香，指香炉散发出来的香气。这句的意思是：挑起遮风的窗帘，熄灭雕盘中的薰香，室内的香气仍然难以消散。

【点评】

"琥珀"与"琼瑶"都是"玉"字旁，而且都是连绵词，都有"美玉"的意思，因此对得很好。

"雪点寒梅横小院，风吹弱柳覆平桥"一句写景，分别描写冬天和春天的景色。一个"点"字，既写出了雪花点点、纷纷扬扬的样子，又有装点的意思。用得最妙的是动词"横"和"覆"，把梅花和杨柳写活了："横"字表现出梅花很多，开满了小院的景象；"覆"字衬托出柳条很密很长，都快要覆盖住桥面的景象。而且，梅花的枝丫坚硬，柳条柔软，用"横"和"覆"也非常合适。

最后一句，"绛蜡"是红烛的意思，这里没有直接用"红烛"，而是用了一个比较生僻的词，是因为"红烛"的声调不能与下一句的"雕盘"相对，因此改用"绛蜡"的说法，虽然不常用，也算合适。

肴　第三章

读
释
评

1

【原文】

诗对礼¹，卦对爻²。燕引对莺调³。

晨钟对暮鼓，野馔对山肴⁴。

雉方乳，鹊始巢⁵。猛虎对神獒。

疏星浮荇叶⁶，皓月上松梢⁷。

为邦自古推瑚琏⁸，从政于今愧斗筲⁹。

管鲍相知，能交忘形胶漆友¹⁰；

蔺廉有隙，终对刎颈死生交¹¹。

【字词解释】

1. 诗：指《诗经》。礼：指《礼记》。都是儒家的经典著作。

2. 卦：用来占卜的符号。爻：每个卦由六个爻组成。

3. 引：乐曲体裁之一，这里指燕子的鸣叫声。

4. 野馔、山肴：馔是饮食，肴是做熟的鱼肉，这里指清淡的饮食。

5. 雉：野鸡。乳：喂养幼仔。雉方乳：野鸡正在喂养小鸡。鹊始巢：喜鹊开始筑巢。

6. 疏星浮荇叶：稀稀落落的几颗星星映在漂浮着荇叶的水面上。

7. 皓月上松梢：一轮皎洁的明月爬上了松树枝头。

8. 为邦：治理国家。瑚琏：古代宗庙祭祀时用来装祭品的容器，引申为国家的栋梁之才。

9. 斗筲：古代的两种容器，斗能装一斗，筲能装一斗二升，容量都很小，因此多用来比喻气量狭小或才识短浅的人。

10. 管鲍：指春秋时期的管仲和鲍叔牙，二人关系非常好。忘形：指朋友间相处不拘小节。胶漆：形容感情要好，像胶和漆一样不能分开。

11. 蔺廉：指战国时期赵国的蔺相如和廉颇，一个是赵国的丞相，一个是赵国的大将。隙：指两人有矛盾。刎颈：割断脖子，指朋友间关系非常好，可以为对方付出生命。死生交：同生死共患难的朋友。

【点评】

古人吟诗作对，最重要的就是押韵和对仗，但在这里，作者却出现了一个失误："猛虎对神獒"中，"獒"字并不属于"肴"韵，而是属于"四豪"韵的字，作者却把它误用到了这里。这可以说是个比较低级的错误，我们用现代汉语普通话去读这几个字，也能分辨出它们的韵母是不同的，"獒"是 ao，"肴"是 iao。这种在应该押韵的地方却没有押韵的现象，叫作出韵，是在写诗作对时最应该避免的。

"为邦自古"一句是个出色的对子。首先，这两句话所用的典故都出自孔子与弟子子贡的对话，而且，讲的都是与治理国家有关的事，内容上是一致的。其次，在内容的一致中又有一些不同，前一句说的是对国家有用的人才，后一句说的是没什么用的普通官吏，这样，在相同中又显示出了不同，既工整，又不会雷同、呆板。

2

【原文】

歌对舞，笑对嘲。**耳语**对**神交**[1]。

焉乌对亥豕，**獭髓**对**鸾胶**[2]。

宜久**敬**，莫**轻抛**[3]。**一气**对同胞[4]。

祭遵甘布被[5]，张禄念**绨袍**[6]。

花径风来逢客访，**柴扉**月到有僧敲[7]。

夜雨园中，一颗不雕王子柰[8]；

秋风江上，三重曾卷杜公茅[9]。

【字词解释】

1.耳语：凑近耳朵小声说话。神交：精神上的交往，特指彼此慕名而没有见过面的朋友。

2.獭髓：水獭的骨髓，传说是很好的补品。鸾胶：神话传说中用凤凰喙和麒麟角熬制的一种胶，能续琴的断弦。

3.敬：尊重。轻抛：随随便便抛弃。讲人与人之间应互相尊重，不能随意背弃。

4.一气：同气，指有血缘关系的亲属。

5.祭遵：东汉时的大将，出生在富裕的家庭却十分节俭，常常穿破旧的衣服。甘：甘愿。

6. 绨袍：用光滑的丝织品做的外衣。

7. 柴扉：简陋的木门。柴扉月到有僧敲：唐代诗人贾岛进京参加科举考试，在驴背上想出两句诗："鸟宿池边树，僧敲月下门。"反复吟咏并不断地作推和敲的手势，仍不能确定是用"僧推月下门"好还是"僧敲月下门"好。

8. 夜雨园中，一颗不雕王子奈：晋人王祥幼年丧母，继母对他很不好，但王祥却一直很孝顺。继母让王祥看守家里的一棵奈树，不许掉落一颗奈子，因此一到刮风下雨，王祥就抱着树哭泣，哀求它不要掉奈子，结果感动了上天，奈子竟然真的一颗没落下来。

9. 杜公：即杜甫。杜甫寓居成都时，一次大风吹坏了他的茅屋，他作了一首《茅屋为秋风所破歌》。

【点评】

这组对句中，有好几处化用了诗人的名句："花径风来逢客访"化用的是杜甫《客至》中"花径不曾缘客扫"，"柴扉月到有僧敲"化用的是贾岛《题李凝幽居》中"僧敲月下门"；最后一句"秋风江上，三重曾卷杜公茅"化用的是杜甫《茅屋为秋风所破歌》"八月秋高风怒号，卷我屋上三重茅"一句。

虽是化用，作者并没有拘泥于原诗的结构，而是自由发挥，把本属于不同诗歌中的诗句自然地糅合到一起，组成字面上和意义上都相对的句子。如"风来"不仅能与下句的"月到"相对，它与"花径"连用，让人仿佛闻到阵阵花香。"柴扉"虽是作者自己加的，却也与"僧敲月下门"的环境融为一体。"三重曾卷杜公茅"原本的顺序应该是"曾卷杜公三重茅"，因为要与前一句的"一颗不雕王子奈"相对，所以调换了顺序。

3

【原文】

衙对舍¹，廪对庖²。玉磬对金铙³。

竹林对梅岭，起凤对腾蛟。

鲛绡帐，兽锦袍⁴。露果对风梢⁵。

扬州输橘柚，荆土贡菁茅⁶。

断蛇埋地称孙叔⁷，渡蚁作桥识宋郊⁸。

好梦难成，蛩响阶前偏唧唧⁹；

良朋远到，鸡声窗外正嘐嘐¹⁰。

【字词解释】

1.衙：古代官署。舍：用来居住的房屋。

2.廪：米仓。庖：厨房。

3.磬：古代的一种打击乐器，发音清脆。铙：一种圆形的打击乐器，发音响亮。

4.鲛绡帐：用鲛人所织丝绢做的帐子。传说南海中有鲛人，善织丝，做出来的帐子冬天能抵御严寒，夏天能生凉气。兽锦袍：用织有兽形图案的锦绣做成的外衣。

5.露果：露珠。风梢：风的末端。

6.输：输出，进贡。菁茅：一种茅草，古代祭祀时用。

7.孙叔：指春秋时期的孙叔敖。传说孙叔敖年幼时，有一次外出游玩看到一条双头蛇，按照当地的说法，谁看见双头蛇谁就会死去，为了不让别人再看见，孙叔敖就把蛇打死并埋了起来。

8. 宋郊：宋朝有个叫宋郊的书生，一天下大雨，一个蚂蚁窝浸了水，宋郊看到了，就用竹子编了一座小桥，让它们爬出蚂蚁窝。

9. 蛩：蟋蟀。蟋蟀的叫声吵得人睡不着觉。

10. 嘐嘐：鸡的叫声。民间有说法称，鸡叫说明有客人要来。

【点评】

"起凤对腾蛟"，凤与蛟不仅都是动物，它们还有个特点，那就是它们都是神话传说中的动物，现实中并不存在。凤凰是古代传说中的百鸟之王，雄的叫"凤"，雌的叫"凰"，总称为凤凰，是吉祥和谐的象征，常与"龙"相对。而蛟与龙有着密切的关系，蛟是古代传说中能发水的、像龙一样的动物，传说修炼一千年后，便可入海化为真正的龙。

最后一句对得也很工整，"好梦"与"良朋"都是名词，"蛩"与"鸡"都是动物，"阶前"与"窗外"是地点，"唧唧"与"嘐嘐"都是叠音拟声词。每组词都是正对，只不过，加上副词"偏"与"正"，表达的语气却完全不同了——一个是抱怨，抱怨蟋蟀整夜鸣叫；一个是欣喜、期盼，期盼好友到家里来做客。

豪 第四章

1

【原文】

茭对茨[1]，荻对蒿[2]。山麓对江皋[3]。

莺簧对蝶板[4]，麦浪对松涛[5]。

骐骥足，凤凰毛。美誉对嘉褒。

文人窥蠹简[6]，学士书兔毫[7]。

马援南征载薏苡[8]，张骞西使进葡萄[9]。

辩口悬河，万语千言常亹亹[10]；

词源倒峡，连篇累牍自滔滔[11]。

【字词解释】

1.茭：喂牲口的干草。茨：茅草。

2.荻：荻草。蒿：青蒿。

3.山麓：山脚下。江皋：江边的高地。

4.莺簧：黄莺的啼叫声美妙得像笙簧发出的一样。蝶板：蝴蝶的翅膀开合，就像奏乐的乐板一样。

5.麦浪：麦田被风吹拂，连绵起伏的样子就像涌动的海浪。松涛：风中的松枝互相碰击，发出的声音如同波涛。

6.窥：看。蠹：蛀虫。蠹简：被蛀虫蚀了的竹简。

7. 兔毫：兔子的毛，这里指毛笔。

8. 马援：东汉名将，他南征交趾（越南）时，常吃薏苡以防治瘴病，并带了数车回京师。薏苡：就是薏米，有健脾利湿、清热排脓的功效。

9. 张骞：西汉人，曾两次出使西域，开拓了汉朝通往西域的道路，为丝绸之路的兴起做出了重大贡献。据说，葡萄就是张骞从西域引进栽种的。

10. 辩口悬河：形容人说话滔滔不绝，就像瀑布倾泄而下一样。亹亹：无止无休，绵绵不绝。

11. 倒峡：江水倾峡而出，比喻文章气势磅礴。牍：古代写字的木片。连篇累牍：形容篇幅长，文辞多。

【点评】

"骐骥足，凤凰毛"对得十分别致。首先，这两句话都是用来称赞别人的，用骏马和凤凰这样的动物比拟有才能的人。而且，"骐骥"与"凤凰"相对，也十分妥帖，因为它们都是吉祥的动物，更重要的是，这两个词在声调和偏旁上都能相对。"骐骥"在声调上是一平一仄，"凤凰"则是一仄一平，两个词在偏旁上又都是同旁词。不仅读起来朗朗上口，而且看上去也赏心悦目。

"马援南征"一句中，把马援和张骞放在一起作比，也非常合适：这两个人一个生活在东汉，一个生活在西汉，一个曾经南征，一个曾经西使，他们的事迹本身就有可比性。而且，作者还独具匠心地发现，他们分别从南方和西域带回来的东西，也能对照起来。"薏苡"和"葡萄"都是中原原本没有的植物，而且，它们的偏旁还都相同，形成了同旁对。

2

【原文】

梅对杏,李对桃。械朴对旌旄[1]。

酒仙对诗史[2],德泽对恩膏[3]。

悬一榻,梦三刀[4]。拙逸对贵劳[5]。

玉堂花烛绕,金殿月轮高。

孤山看鹤盘云下[6],蜀道闻猿向月号[7]。

万事从人,有花有酒应自乐[8];

百年皆客,一丘一壑尽吾豪[9]。

【字词解释】

1. 械、朴:两种灌木,据说可以点燃用来祭天神。旌旄:旗帜。

2. 酒仙:指李白。诗史:指杜甫。

3. 泽、膏:滋润土壤的雨水,常被比作恩德。

4. 悬一榻:悬挂起一张床。东汉时,豫章太守陈蕃不喜欢应酬,也不招待宾客,但对品德高尚的徐稚却是个例外。每次徐稚过来二人都相谈甚欢,陈蕃还专门给徐稚准备了一张床让他过夜,等徐稚一走就把这张床悬挂起来。梦三刀:西晋时的王濬任广汉太守期间,曾经梦到房梁上悬挂了三把刀,解梦的人说,三刀是州字,是表示要做益州刺史的意思。

5. 拙：谦称自己。逸：安乐。贵：敬称对方。劳：辛勤。

6. 孤山看鹤盘云下：宋朝的林逋常年隐居在杭州西湖的孤山，终身不娶，以梅花、仙鹤为伴。

7. 向月号：对着月亮啼叫。

8. 从：顺从，依照。

9. 百年：死的委婉说法。客：指人在这世上来了又走，像客人一样。壑：深沟。豪：直爽痛快。这句的意思是：人生百年只是世间过客，不如放浪山水，纵情欢乐。

【点评】

"拙逸"对"贵劳"，"拙"与"贵"在古代常用作谦辞，指称自己的时候用"拙"，如拙作、拙见、拙荆（丈夫对妻子的一种谦称）等；指称别人的时候用"贵"，如贵姓、贵庚（问别人的年龄）、贵干（问别人要做什么）等。因为中华民族是礼仪之邦，古人发明了很多谦辞用在不同的场合，用对谦辞也很重要，一方面表现对别人的恭敬，另一方面表现自身的修养。

最后一句，表达出一种及时行乐的人生态度：人生不过百年，应该纵情山水，放浪形骸。"万事从人"与"百年皆客"，用数词"万"和"百"表现出一种豪壮与豁达的情怀。"有花有酒"与"一丘一壑"运用复辞的手法，重复使用"有"和"一"字，达到一种文字的美感和音律的和谐。

3

【原文】

台对省，署对曹[1]。分袂对同袍[2]。

鸣琴对击剑，返辙对回艚[3]。

良借箸，操提刀[4]。香茗对醇醪[5]。

滴泉归海大，篑土积山高[6]。

石室客来煎雀舌[7]，画堂宾至饮羊羔[8]。

被谪贾生，湘水凄凉吟鹏鸟[9]；

遭逸屈子，江潭憔悴著离骚[10]。

【字词解释】

1.台：指尚书台。省：指中书省。署、曹：泛指官署。都是古代办理公务的机关。

2.分袂：指离别。同袍：指挚友。

3.辙：车辙。返辙：掉转车头。艚：载货的木船。回艚：掉转船头。

4.良借箸：张良借筷子来指画当前的形势，比喻为人出主意，计划事情。操提刀：一次曹操接见匈奴使者，让部下崔琰假扮他，自己则站在一旁提着刀做侍卫。

5.茗：茶。醇醪：香味浓厚的美酒。

6.篑：古代盛土的筐，篑土即一筐土。

7.石室：石头造的房子。雀舌：一种以嫩芽焙制的上等茶叶。

8.画堂：彩绘的殿堂。羊羔：一种美酒名。

9.谪：贬官。贾生：即西汉政治家、文学家贾谊。湘水凄凉吟鵩鸟：贾谊被贬为长沙王太傅时，曾写了一篇《鵩鸟赋》抒发情怀。

10.谗：诽谤。屈子：即战国时的屈原。江潭憔悴著离骚：屈原曾因被人诽谤而流放至汉北、沅湘一带，写下了著名的长篇抒情诗《离骚》。

【点评】

"煎雀舌"与"饮羊羔"对得很妙。品茶与饮酒向来是中国文人的两种会友方式，这里不直接说品茶与饮酒，而是借用"雀舌"的茶叶名和"羊羔"的美酒名来指代，恰巧这两个名字也能相对，都与动物有关。"客来"与"宾至"意思上相同，只是换了一种说法。

最后一句以贾谊和屈原两个历史人物来相对，颇有意味。这两个人无论在政治道路还是人生经历上，甚至连被流放的地方，都具有可比性：贾谊曾受朝中大臣排挤，被贬为长沙王太傅；屈原也曾遭到贵族排挤毁谤，被先后流放至汉北和沅湘流域。这两人同时又都很有才华，对国家都有着深深的眷恋，即使遭到贬黜，仍然心系国家。司马迁对屈原和贾谊都寄予了深深的同情，他在《史记》中为两人写了一篇合传叫《屈原贾生列传》，可见两人确实有很多相似的地方。后人也往往把屈原与贾谊并称为"屈贾"。

歌　第五章

1

【原文】

微对巨，少对多。<u>直干</u>对<u>平柯</u>[1]。

<u>蜂媒</u>对<u>蝶使</u>[2]，<u>雨笠</u>对<u>烟蓑</u>[3]。

<u>眉淡扫</u>，<u>面微酡</u>[4]。妙舞对清歌。

轻衫裁<u>夏葛</u>[5]，<u>薄袂</u>剪<u>春罗</u>[6]。

<u>将相兼行</u>唐<u>李靖</u>[7]，<u>霸王杂用汉萧何</u>[8]。

<u>月本阴精</u>，岂有<u>羿妻曾窃药</u>[9]；

<u>星为夜宿</u>，浪传<u>织女漫投梭</u>[10]。

【字词解释】

1. 直干：笔直的树干。平柯：横伸的树枝。

2. 蜂媒、蝶使：蜜蜂和蝴蝶通过采蜜给花朵授粉，像花的媒人和使者一样。

3. 雨笠、烟蓑：防雨用的蓑衣和笠帽。

4. 眉淡扫：轻轻地描画眉毛。面微酡：脸色因饮酒而微微泛红。

5. 夏葛：夏天穿的葛衣，用葛布制成。

6. 袂：袖子。春罗：指春天穿的衣服。

7. 将相兼行：指文武双全。李靖：隋末唐初著名将领，文武双全，出将入相，为唐朝的统一与巩固做出了卓越贡献。

8.霸王杂用："霸道"和"王道"同时使用，"霸道"是以武力统治，"王道"是以仁德统治。萧何：汉初三杰之一，为汉王朝的建立和巩固立下了汗马功劳。

9.阴精：阴气的精华。羿妻窃药：传说后羿的妻子嫦娥因偷吃了仙药，而飞到了月亮上。这句话的意思是：月亮是阴气的精华，哪里有嫦娥偷吃仙药飞天的事情呢？

10.宿：星宿。梭：两头尖、中间粗，用来牵引丝线的织布工具。投梭：织布。这句话的意思是：牛郎星和织女星本来就是天上的星宿，没有偷偷下到凡间又飞天的事。

【点评】

"轻衫裁夏葛，薄袂剪春罗"对得很工整。"轻衫"与"薄袂"都指衣服，"裁"和"剪"是做衣服的动作，"夏葛"和"春罗"也都是衣服，只是穿的时节和布料不同，一个是夏天穿的用葛布做成的，一个是春天穿的用华丽的丝绸做成的。

最后一句，用月亮和星星作对，十分恰当。在古代，人们对天文现象的认识不足，由此产生了很多关于月亮和星星的神话传说，嫦娥奔月、牛郎织女的故事就都是人们对夜空的遐想。这两个故事家喻户晓，而"月本阴精"与"星为夜宿"则揭示出神话传说的荒谬，向人们传递正确的天文知识（虽然按照现代科学，这种解释也不对）。

2

【原文】

慈对善，虐对苛[1]。缥缈对婆娑[2]。

长杨对细柳，嫩蕊对寒莎[3]。

追风马，挽日戈[4]。玉液对金波[5]。

紫诏衔丹凤[6]，黄庭换白鹅[7]。

画阁江城梅作调[8]，兰舟野渡竹为歌[9]。

门外雪飞，错认空中飘柳絮[10]；

岩边瀑响，误疑天半落银河[11]。

【字词解释】

1.虐：残暴。苛：苛刻。

2.缥缈：若有若无的样子。婆娑：盘旋舞动的样子。

3.嫩蕊：春天含苞待放的花朵。寒莎：秋天的莎草。

4.追风马：奔跑速度很快的马。挽日戈：能使西下的太阳回转的戈。

5.玉液：甘美的浆汁，指美酒。金波：酒名，泛指美酒。

6.诏：皇帝下发的文书命令。紫诏衔丹凤：皇帝的诏书是用紫泥封口的，因此叫紫诏；衔丹凤指诏书常以龙凤为图饰。

7.黄庭换白鹅：指的是一位道士用白鹅向王羲之换书法的典故。

8. 画阁江城：指武汉黄鹤楼。梅作调：指笛曲《梅花落》。这句话是说在黄鹤楼上听《梅花落》。

9. 兰舟：小船。野渡：村野的渡口。竹为歌：指刘禹锡所写的《竹枝词》，后来被人们谱曲，演变成歌曲。

10. 这句的意思是：门外飘起雪花，错把雪花误认成空中飘飞的柳絮。

11. 这句的意思是：听到岩石边瀑布的响声，还以为是银河从半空中落下来了呢。

【点评】

"缥缈"与"婆娑"都是连绵词，而且同一个词里的两个字偏旁相同，韵部也相同，即所谓的同旁又叠韵。巧的是，两个词在意义上也都具有美感的意味。

"追风马，挽日戈"，马和戈都是战场上必不可少的两种事物，前面的两个字"追风"和"挽日"不仅对得工整，而且极尽夸张，表现马和戈的非同寻常。

"画阁江城梅作调，兰舟野渡竹为歌"，这句中对得最妙的是"梅作调"与"竹为歌"。梅和竹是两种植物，而且同属"岁寒三友"，本来可以相对，这里同时又借作两支歌曲的名字——《梅花落》和《竹枝词》，更显趣味。

最后一句分别化用了两首诗，稍加改编："门外雪飞，错认空中飘柳絮"化用的是谢道韫的诗"未若柳絮因风起"；"岩边瀑响，误疑天半落银河"化用的是李白的诗"疑是银河落九天"。将雪花比喻成柳絮，将瀑布比喻成银河，都是非常有想象力的。作者没有照搬而来，而是稍作改动，使上下两句不仅对得工整，还能在意境上贯通，确实很不容易。

3

【原文】

松对竹，荇对荷[1]。薜荔对藤萝[2]。

梯云对步月[3]，樵唱对渔歌。

升鼎雉，听经鹅[4]。北海对东坡[5]。

吴郎哀废宅[6]，邵子乐行窝[7]。

丽水良金皆待冶[8]，昆山美玉总须磨[9]。

雨过皇州，琉璃色灿华清瓦[10]；

风来帝苑，荷芰香飘太液波[11]。

【字词解释】

1.荇：一种水生植物。

2.薜荔：一种蔓生植物。

3.梯云：把云当作梯子。步月：在月光下散步。

4.升鼎雉：传说商朝天子武丁在祭祀祖先成汤时，有一只野鸡突然飞落到祭祀的大鼎上鸣叫，把武丁吓坏了，认为是不祥之兆。听经鹅：传说有个叫志伟的和尚，他养的鹅能听懂佛经。

5.北海：指孔融，他曾做过北海太守。东坡：指苏东坡。

6.吴郎：指唐代诗人吴融。哀废宅：吴融曾写过一首《废宅》诗，哀叹破旧荒芜的宅院。

7. 邵子：指宋代道学家邵雍。乐行窝：指邵雍居住的宅院，起名叫"安乐窝"。

8. 丽水：指金沙江，传说盛产黄金。冶：提炼加工。

9. 昆山：指昆仑山，传说盛产美玉。磨：琢磨。

10. 皇州：皇城，指长安。华清瓦：即唐朝的华清宫。

11. 帝苑：指皇宫。荷芰：指荷花。太液：即太液池，皇家池苑。

【点评】

"北海对东坡"对得很妙，第一个字都是方向词，第二个字都是表示地形的名词，而且，更重要的是，"北海"是孔融的号，"东坡"是苏轼的号。这两个人都十分有才华，可以说对得天衣无缝。

"丽水良金"一句也是个天造地设的好对子。"丽水"与"昆山"，两个地点一个是水，一个是山，一个产金，一个产玉，很有可比性。而且，"良金"和"美玉"都是古人看重的东西，都象征富贵、吉祥。"皆待冶"与"总须磨"不仅字面上相对，更揭示出了金和玉的同一种品性——都要经过精心的冶炼和打磨，才能成为上好的金和玉。

最后一组对句，提到的两个地点——华清宫与太液池，都与唐玄宗有关。"雨过皇州"与"风来帝苑"对得极为自然，上句是写雨水洗刷后色彩的清新灿烂，下句是写清风吹过送来的阵阵清香，一个从视觉上着笔，一个从嗅觉上描写，两相对应，将整个画面融入我们的感官中，让人有身临其境的感觉。

4

【原文】

笼对槛[1]，巢对窝。及第对登科。

冰清对玉润，地利对人和[2]。

韩擒虎，荣驾鹅[3]。青女对素娥[4]。

破头朱泚笏[5]，折齿谢鲲梭[6]。

留客酒杯应恨少，动人诗句不须多[7]。

绿野凝烟，但听村前双牧笛[8]；

沧江积雪，惟看滩上一渔蓑[9]。

【字词解释】

1. 笼：笼子。槛：关牲畜的栅栏。

2. 地利：有利于作战的地理形势。人和：人们相处和善，内部团结。

3. 韩擒虎：人名，隋朝四大开国名将之一，从小就有大志，十三岁时曾擒杀猛虎。荣驾鹅：即荣成伯，春秋时期鲁国大臣。宋国士兵入侵时，鲁襄公逃往楚国，荣成伯骑着鹅将鲁襄公找了回来。

4. 青女：掌管霜雪的女神。素娥：即嫦娥。

5. 笏：古代大臣上朝时拿的手板，可用来记事。朱泚是唐德宗时的叛将，他在长安召集僚臣议事，想自立为皇帝。当时的司农卿段秀实当着群臣的面，生气地站起身，用笏板击打朱泚的头，朱泚当场被杀。

6. 谢鲲：谢安的叔叔。谢鲲曾见邻居家的女儿正在织布，于是上前调戏，结果调戏不成，反被织布用的梭子打掉了两颗牙齿。

7. 这句的意思是：挽留客人的酒嫌太少，打动人的诗句则不需太多。

8. 绿野：指郊外。凝烟：炊烟直直地飘上天空，像静止的一样。

9. 沧江：指江流。滩：河滩。渔蓑：披着蓑衣的打鱼人。

【点评】

"破头朱泚笏，折齿谢鲲梭"是个很有意思的对子。朱泚和谢鲲一个想自立为皇帝，一个想占邻家女的便宜，动机都不纯。而坏人最终没能得逞，不仅如此，还受到了严厉的惩罚：一个破了头，一个折了齿，头和牙齿都是人体的一部分。而用来惩罚他们的工具——"笏"和"梭"也可以相对。

最后一句"沧江积雪，惟看滩上一渔蓑"，化用了《江雪》中"孤舟蓑笠翁，独钓寒江雪"的诗句，意境上也极为相似。"沧江积雪"，仅用了四个字，就表现出一种开阔宏大的场景，而紧接着引出"一渔蓑"，与这种宏大的场景形成鲜明的对照，更显得人的渺小和孤寂，突显出环境的孤冷与幽僻。前一句的前四个字"绿野凝烟"，也对得十分有诗意。不足之处在于，与"一渔蓑"相对的"双牧笛"，语义上解释牵强，有为了对仗而对仗的感觉。

麻 第六章

1

【原文】

清对浊，美对嘉。鄙吝对矜夸[1]。

花须对柳眼[2]，屋角对檐牙[3]。

志和宅，博望槎[4]。秋实对春华。

乾炉烹白雪，坤鼎炼丹砂[5]。

深宵望冷沙场月[6]，边塞听残野戍笳[7]。

满院松风，钟声隐隐为僧舍；

半窗花月，锡影依依是道家[8]。

【字词解释】

1.鄙吝：吝啬，不大方。矜夸：骄傲自夸。

2.花须：指伸展的花蕊像胡须一样。柳眼：刚长出的柳叶像人的眼睛一样细长。

3.檐牙：屋檐翘出的部分，排列得像牙齿一样。

4.志和宅：唐代文人张志和曾在朝廷里当官，后来隐居起来，志和宅就是张志和隐居的地方。槎：木筏。博望槎：西汉的张骞因出使西域而被封为博望侯，他曾乘坐木筏逆流而上去探寻黄河的源头。

5.乾炉、坤鼎：炼制丹药的器具。白雪：指水银。丹砂：朱砂，是一种矿物，可以用来提炼水银。

6. 深宵：深夜。沙场：战场。这句的意思是：深夜里，在战场上望着那一轮清冷的明月。

7. 野戍：指野外驻兵的地方。笳：胡笳，一种类似于笛子的吹奏乐器，善于表现凄怆、哀怨的情感。这句的意思是：在边塞，听着那胡笳声断断续续，十分凄凉。

8. 半窗花月：月色下，花的影子映照在窗台上。锡影：指僧人所持的手杖，杖头有锡环，振动时发出声响。依依：隐隐约约的样子。

【点评】

　　"花须对柳眼"，不得不说这个对子对得很新奇。"花"和"柳"是植物，"须"和"眼"是人体的一部分，本来是毫不相关的两组词，用在一起便在意义上有了变化，成为形容花和柳的词汇。"屋角对檐牙"也是如此。"角"与"牙"都是动物身体的一部分，互相成对很自然，但用到屋和檐上，也使两个词的意义发生了变化，成为形容房屋建筑的一部分的名称。

　　"深宵望冷"一句，描绘出战场上萧索、悲凉的景象。这句的特点还在于调整了语序，正常的语序应该是"深宵望沙场冷月，边塞听野戍残笳"，但这里的调整，并非像之前那样，是为了押韵，而是因为七言古诗有节奏上的要求，一般是前四个字一停，后三个字一停。如果按照正常的语序，就成了前三个字一停，后四个字一停，读起来缺乏连贯性，所以才做了调整。调整之后，恰巧造成了一种特殊的修辞效果——"望冷沙场月"，似乎是主人公在月亮下站得时间长了，把月亮都望冷了；"听残野戍笳"，像是为了映照主人公凄凉的心情，胡笳的声音才断断续续。

2

【原文】

雷对电，雾对霞。蚁阵对蜂衙[1]。

寄梅对怀橘[2]，酿酒对烹茶。

宜男草，益母花[3]。杨柳对蒹葭[4]。

班姬辞帝辇[5]，蔡琰泣胡笳[6]。

舞榭歌楼千万尺[7]，竹篱茅舍两三家[8]。

珊枕半床，月明时梦飞塞外[9]；

银筝一奏，花落处人在天涯[10]。

【字词解释】

1.蚁阵：蚂蚁排成一队。蜂衙：飞绕的蜂群。

2.寄梅：赠送梅花，借指对亲友的思念和问候。怀橘：三国时陆绩的父亲陆康，有一次带六岁的陆绩拜访袁术，席间袁术拿出橘子招待他们，后来离开时，陆绩的衣服里掉出了三只橘子，袁术便开玩笑说："你到我家来做客，走的时候还要带几个橘子回去吗？"陆绩回答说："我母亲喜欢吃橘子，所以我想拿些回去给母亲吃。"陆绩小小年纪就懂得孝顺母亲，令袁术感到惊奇。

3.宜男草：萱草的别名。益母花：即益母草，一种中药。

4.蒹葭：即芦苇。

5. 班姬：即班婕妤，汉成帝的妃子。辞帝辇：有一次汉成帝乘车游玩时让班婕妤一同乘车，但班婕妤说，古代圣贤之君都有名臣在侧，像夏桀、商纣、周幽王那样的末代皇帝才有宠妃坐在旁边。汉成帝听了觉得有道理，便放弃了同车出游的想法。

6. 蔡琰：即蔡文姬，东汉文学家蔡邕的女儿。泣胡笳：蔡文姬曾被匈奴人抢去，十二年后曹操将她赎回。传说她曾写过一首《胡笳十八拍》，诉说自己在胡地的悲惨遭遇。

7. 舞榭歌楼：指歌舞场所。

8. 竹篱茅舍：指乡村中简陋的屋舍。

9. 珊枕：即珊瑚做的枕头。半床：指女子在家独居。这句的意思是：枕着珊瑚枕躺在床上，看着明朗的月光渐渐入睡，竟梦到了塞外。

10. 银筝：一种弦乐器。这句的意思是：听着那弹奏的银筝，想念在落花时节漂泊天涯的人。

【点评】

"寄梅对怀橘"不仅对得很工整，而且，两个词都与亲人有关，"寄梅"寄托的是对亲友的思念，"怀橘"是为了把橘子拿回去孝敬母亲。

"班姬辞帝辇，蔡琰泣胡笳"用到了班婕妤和蔡文姬的典故，这两个人都是古代的才女。不过，如果把这个对子改为"班姬悲团扇，蔡琰泣胡笳"，就更贴切了，因为班婕妤曾经写过一首《团扇》诗，诉说自己幽居深宫的哀怨，正好与下句蔡文姬的《胡笳十八拍》相对。

最后一组对句，意境清远、优美，用词也很讲究。"珊枕"与"银筝"，给人一种雍容华贵的感觉；"月明时"与"花落处"不仅极富诗意，还道尽了主人公的孤单与思念；结尾的"梦飞塞外"与"人在天涯"，点明了所思念的人的身份与境况。而且，上下两句连起来，自然流畅，浑然天成，表达了一个完整的意思。

3

【原文】

圆对缺，正对斜。笑语对咨嗟[1]。

沈腰对潘鬓[2]，孟笋对卢茶[3]。

百舌鸟，两头蛇。帝里对仙家[4]。

尧仁敷率土[5]，舜德被流沙[6]。

桥上授书曾纳履[7]，壁间题句已笼纱[8]。

远塞迢迢，露碛风沙何可极[9]；

长沙渺渺，雪涛烟浪信无涯[10]。

【字词解释】

1.咨嗟：赞叹或叹息。

2.沈腰：沈是沈约，沈约晚年多病，腰肢纤弱。潘鬓：潘是潘安，潘安因生活波折，三十多岁两鬓就长了白发。

3.孟笋：孟是三国时的孟宗，非常孝顺。有一年孟宗的母亲病重，想吃笋。可是正值冬天，根本没有笋，孟宗跑到竹林里哭泣，不一会儿地面突然裂开，竟然长出几棵笋来。卢茶：唐代诗人卢仝喜欢喝茶。

4.帝里：皇帝居住的地方。仙家：仙人居住的地方。

5.敷：覆盖。率土：普天之下。尧仁敷率土：尧帝的仁德遍及天下。

6. 被：遍及。流沙：指西部很远的地方。舜德被流沙：舜帝的仁德传布四方。

7. 桥上授书曾纳履：张良一次在河边散步，桥头坐了个粗布短袍的老人，老人故意把鞋子踢落到桥下，然后很傲慢地让张良下去捡。张良看他年纪太大了，无奈就到桥下捡起鞋子，但老人又跷起脚让张良给他穿鞋，张良就跪在地上帮他穿好。老人大笑着站起来，说张良"孺子可教矣"，并送给张良一本书说："你读了这本书就可以做帝王的老师，十年后天下大乱，你可以用这本书兴邦立国。"后来张良成为刘邦的重要谋士。

8. 壁间题句已笼纱：唐代王播出身寒门，从小住在寺院，时间长了，僧人对他感到厌烦，就把饭前敲钟改到饭后，结果王播赶过来时已无饭可吃了。后来王播做了宰相，二十年后重回寺院，发现自己以前题写在墙壁上的诗句都用碧纱精心保护了起来。

9. 迢迢：遥远的样子。碛：水中的沙堆，这里指沙漠。极：尽头。

10. 渺渺：无边无际的样子。雪涛烟浪：大雪覆盖的沙地。信：实在是。涯：边际。

【点评】

"尧仁敷率土，舜德被流沙"上下两句虽然说的是不同的帝王，但表达的意思基本一致：都是赞美君王，说他们的德行传遍天下。这种对句如果出现在诗歌中，是写诗的大忌。因为诗歌要在很少的字数中表达丰富的内容，如果上下两句只顾对仗，却没有顾及意义的表达，就是浪费了字数。不过，作对没有写诗那么严格，因为对对子有时就是为了能对得工整好看，所以允许上下两句表达的意义相同或者相似。

"桥上授书曾纳履，壁间题句已笼纱"用了张良和王播的两个典故相对，字面上十分工整。这两个人后来都做了大官，但年少时都曾有过不平凡的经历：张良经受住了仙人的无理考验，获得了仙书；王播被寺院的僧人捉弄，在艰苦的环境中发愤图强。两个人都曾被人捉弄，但都经受住了考验，最后终于成为良将和名臣。

4

疏对密，朴对华。义鹘对慈鸦[1]。

鹤群对雁阵，白芷对黄麻。

读三到，吟八叉[2]。肃静对喧哗。

围棋兼把钓[3]，沉李并浮瓜[4]。

羽客片时能煮石[5]，狐禅千劫似蒸沙[6]。

党尉粗豪，金帐笼香斟美酒[7]；

陶生清逸，银铛融雪啜团茶[8]。

【字词解释】

1. 义鹘：行侠仗义的猛鹘。慈鸦：反哺的乌鸦。

2. 读三到：读书要眼到、口到、心到。吟八叉：唐代规定考试律赋八韵为一篇，温庭筠才思敏捷，他叉手一吟便成一韵，八叉八韵一会儿就完成了，人称"温八叉"。

3. 把钓：钓鱼。

4. 沉李、浮瓜：古人消暑，把瓜果放在冷水里浸泡。

5. 羽客：指仙人。煮石：即煮白石，传说神仙方士能将白石煮成米饭。

6. 狐禅：泛称异端邪说。蒸沙：即蒸沙成饭，比喻事情不可能成功。

7. 党尉：指太尉党进，北宋初期将领，是个目不识丁的文盲，闹出过不少笑话，所以称其粗豪。

8.陶生：指学士陶谷，是个博通经史的文人。陶谷得到党太尉的家姬，有一次融雪
煮茶时，陶谷问家姬："党家有没有这样美味的茶？"家姬回答说："党太尉只知
道坐在精美的帷帐里，和我共饮羊羔酒而已。"

【点评】

"义鹘对慈鸦"，这个对子写的是动物，第一个字却用了描写人物的"义"和"慈"，
将人的品性赋予动物，却一点也不觉得突兀。唐代诗人杜甫曾写过一首《义鹘》诗，
说的是一只老鹰受了一条白蛇的欺负，去鹘那里伸冤，鹘为老鹰报了仇，全诗歌颂了
鹘的正义与勇敢，因此有"义鹘"一说。而乌鸦呢，虽然相貌丑陋，人们认为它是不
吉利的预兆，但它也有好的品性，那就是"反哺"。据说乌鸦长大后，当乌鸦妈妈年
老体衰，不能觅食或者双目失明飞不动的时候，它们就四处寻找可口的食物，衔回来
嘴对嘴地喂到妈妈的口中，回报妈妈的养育之恩，所以这里说"慈鸦"。

最后一句以粗豪的党进和清逸的陶谷相对，对比强烈。而且，选取的场景也有可
比性：前一句说饮酒，酒本来就是豪放之人所喜欢的；后一句说饮茶，茶正好是文雅
之士所喜欢的。通过描写这两个场景，塑造出两个人截然不同的性格特征。更巧的是，
党进和陶榖之间还有一定的关系——陶榖的家姬就是从党进那里得来的，由家姬这个
"中间人"将这两个人物联系起来，给对句增添了整体感和趣味。

阳　第七章

1

【原文】

台对阁，沼对塘。朝雨对夕阳。

游人对隐士，谢女对秋娘[1]。

三寸舌，九回肠[2]。玉液对琼浆。

秦皇照胆镜[3]，徐肇返魂香[4]。

青萍夜啸芙蓉匣[5]，黄卷时摊薜荔床[6]。

元亨利贞，天地一机成化育[7]；

仁义礼智，圣贤千古立纲常[8]。

【字词解释】

1.谢女：指晋代才女谢道韫。秋娘：指唐朝传奇女子杜秋娘。

2.三寸舌：三寸不烂之舌，形容能说会辩。九回肠：肠子在肚子里弯曲打结，形容思虑忧愁，心情郁结。

3.秦皇照胆镜：传说秦始皇有一面镜子，如果捂住胸口去照，就能照见内脏，如果有异心的人去照，就会照出肝胆扩张，心脏跳动得厉害。因此秦始皇专门借此检查宫中女子，一旦发现有异心的人就立刻杀掉。

4.徐肇返魂香：传说汉代的徐肇曾经得到过一种神奇的香，点燃之后病人就能下床活动，去世三天之内的人就能复活。

5.青萍：宝剑名。芙蓉匣：雕刻有芙蓉图案的剑鞘。

6.黄卷：指书籍，古书的纸张发黄，所以叫黄卷。

7.元亨利贞：《周易》乾卦的卦辞，是天道生长万物的四种德行。天地一机成化育：天地有这四种德行才化生了万物。

8.仁义礼智：仁爱、忠义、礼仪、见识，指儒家最基本的伦理思想。

【点评】

"三寸舌，九回肠"是个数字对，在古代，"三"和"九"都是内涵比较丰富的数字："三"经常用来表示虚指，"九"常用来表示数量之多，如"九重天""九牛一毛""九九八十一难"等。因此，很多时候"三"和"九"都不是实指"三个"或"九个"，这里的"三寸舌"与"九回肠"就都是虚指。"舌"和"肠"都是人体器官，前面加一组数量词修饰，便成了"能言善辩"和"心情郁结"的代名词，不论从字面上还是从表达的意义上，都对得很好。

最后一句贯穿了浓厚的儒家思想，以儒家经典《周易》与仁、义、礼、智四种儒家伦理相对，上句从自然的角度，指出天地万物的源头，下句从人的角度，指出贤人应该具有的几种品德。正是因为有了儒家伦理的指导，自然和社会才能按照一定的规则正常运转，才能建立秩序。几千年来，儒家思想经历代统治者的推崇，以及孔子后学的发展和传承，使其对中国文化的发展起了决定性的作用，影响着从古至今的一代又一代知识分子。在中国文化的深层观念中，都留下了儒家思想的深深烙印。

2

【原文】

红对白，绿对黄。昼永对更长[1]。

龙飞对凤舞，锦缆对牙樯[2]。

云弁使，雪衣娘[3]。故国对他乡。

雄文能徙鳄[4]，艳曲为求凰[5]。

九日高峰惊落帽[6]，暮春曲水喜流觞[7]。

僧占名山，云绕茂林藏古殿[8]；

客栖胜地，风飘落叶响空廊[9]。

【字词解释】

1. 更：夜间计时单位，古人把一夜分为五更。

2. 锦缆：用锦缎做的缆绳。樯：船上的桅杆。牙樯：用象牙做的桅杆。

3. 云弁使：指蜻蜓。弁是古代一种平顶的帽子，使是使者，蜻蜓的头上就好像戴了顶青色的帽子。雪衣娘：指白鹦鹉。岭南曾进献给唐玄宗一只白色的鹦鹉，因其聪明伶俐，深得唐玄宗和杨贵妃的喜爱。

4. 雄文：写得非常好的文章。徙鳄：让鳄鱼迁走。据说韩愈做潮州刺史时，当地有鳄鱼伤人，于是韩愈写了一篇《祭鳄鱼文》，告诫鳄鱼迁到别的地方去，后来鳄鱼果然迁走了。

5. 求凰：指西汉文学家司马相如爱上了卓王孙的女儿卓文君，便弹了一曲《凤求凰》

向卓文君表达爱意。

6. 九日：指农历九月九日重阳节。落帽：东晋名士孟嘉是大将军恒温的参军，有一年过重阳节，桓温带领幕僚登高赏菊并设宴欢饮，席间孟嘉的帽子被风吹落到地上，孟嘉却不知道，桓温等人都嘲笑他。

7. 曲水：弯曲的河水。流觞：古代上巳节的一种习俗，人们围坐在弯曲的水渠旁，把酒杯放进水中漂流，酒杯停在谁的面前谁就取杯饮酒。

8. 占：占据。云绕茂林：云雾缭绕的树林。

9. 胜地：名胜之地，指风景优美的地方。空廊：空荡荡的走廊。

【点评】

"云弁使，雪衣娘"对得非常精妙，这两句既严格对仗，又自然工整。首先，"云"对"雪"，"弁"对"衣"，字面上十分相配；其次，二者所指代的都是动物，一个是蜻蜓，一个是鹦鹉，而且蜻蜓和鹦鹉本身也是连绵词，也能相对。

"九日高峰"一句中，"九日"指的是农历九月九日重阳节，而下句的"暮春"则代指农历三月三日上巳节，所以，"九日"与"暮春"相对，实际还隐含了九月九日与三月三日这对更为精巧的对仗。在这两句中，作者还选取了两个形容词"惊"和"喜"，用在这里描写节日里的欢乐气氛，也是非常准确。

最后一句，不仅对仗工整，而且意境优美，颇有诗意。"云绕茂林藏古殿"很有画面感，特别是一个"藏"字，形象生动，让人仿佛看到白云缭绕之下，树木掩映之中，寺庙露出一角的景象。下句的"风飘落叶响空廊"则在这幅画面中又增加了声音，更加映衬出环境的寂静与空幽。而且，"云绕"与"风飘"对得十分自然，"古殿"与"空廊"也对得很和谐，描绘出一幅完整的画面。

3

【原文】

衰对壮，弱对强。艳饰对新妆[1]。

御龙对司马[2]，破竹对穿杨[3]。

读班马，识求羊[4]。水色对山光。

仙棋藏绿橘[5]，客枕梦黄粱[6]。

池草入诗因有梦[7]，海棠带恨为无香[8]。

风起画堂，帘箔影翻青荇沼；

月斜金井，辘轳声度碧梧墙[9]。

【字词解释】

1. 艳饰：指女子浓妆艳抹。新妆：指女子刚画好的妆容。

2. 御龙、司马：两个姓氏。

3. 破竹：即势如破竹，劈竹子时，上面的几节破开以后，下面的各节就顺势分开了，比喻节节胜利。穿杨：即百步穿杨，在百步外射中杨柳的叶子，形容箭法高明。

4. 班马：汉朝史学家班固和司马迁，班固著《汉书》，司马迁著《史记》。求羊：汉代隐士求仲与羊仲。

5. 仙棋藏绿橘：传说古代有户人家种了很多橘树，树上忽然长出三个绿色的橘子，个个都有一只斗那么大，谁见了都吃惊不已。主人命令仆人摘下来，使劲剥开皮，结果看到的不是橘瓤，竟然是两位老者对坐着在下棋！大家恭恭敬敬地请老人出来，可是两位老者却笑着说："唉，下盘棋都不得安宁。"忽然一阵风吹来，橘子和仙人都消失了。

6. 客：指卢生。梦黄粱：唐代有个叫卢生的人，一天在旅店住宿，入睡后做了一场享尽一生荣华富贵的好梦。等他醒来时，旅店里煮的小米饭还没有熟。

7. 池草入诗因有梦：南朝诗人谢灵运非常赏识他的族弟谢惠连，说他每次见到谢惠连就能写出好文章。一次谢灵运作诗，一整天都没完成，后来他不知不觉睡着了，梦见了惠连，醒来后便写出"池塘生春草，园柳变鸣禽"的佳句。

8. 恨：遗憾。这句的意思是：海棠花虽然很漂亮，只可惜没有香气。

9. 金井：井栏雕饰华美的井。辘轳：安在井上用来汲水的工具。碧梧墙：梧桐树排列整齐，绿色的叶子连起来就像墙一样。

【点评】

"仙棋藏绿橘，客枕梦黄粱"运用了两个典故来作对，这两个典故都与仙人有关：前一句，仙人在橘子里下棋，后一句，仙人给了卢生一个能做美梦的枕头。字面上倒是也很工整，"仙棋"和"客枕"都是名词，"藏"和"梦"都是动词，"绿"与"黄"表示颜色，"橘"与"粱"是植物。"梦黄粱"并不是真的梦到了黄粱，只是用黄粱来代指"黄粱一梦"的典故，与"藏绿橘"在语法结构上不同。

最后一句写景，描绘出一幅清新明净的画面：微风吹过池塘，吹动帘子和池塘里的青荇，一个"翻"字，从视觉角度入手，让人仿佛看到帘影映照在青荇上，影影绰绰；月亮照在井边，汲水的辘轳声回荡在庭院里，一个"度"字，从听觉角度描写，仿佛听到那辘轳声穿过整排梧桐树，飘向远方。

笠翁对韵

4

【原文】

臣对子，帝对王。日月对风霜。

乌台对紫府[1]，雪牖对云房[2]。

香山社，昼锦堂[3]。蔀屋对岩廊[4]。

芬椒涂内壁[5]，文杏饰高梁[6]。

贫女幸分东壁影[7]，幽心高卧北窗凉[8]。

绣阁探春，丽日半笼青镜色[9]；

水亭醉夏，熏风常透碧筒香[10]。

【字词解释】

1. 乌台：御史台，汉代时御史台外的柏树上有很多乌鸦，所以人称御史台为乌台。
紫府：道家对仙人住所的称呼。

2. 雪牖：映雪的窗户。云房：云雾缭绕的房舍。多指隐居的地方。

3. 香山社：白居易退居洛阳时曾在香山集社，被称为香山九老会。昼锦堂：宋代宰相韩琦任相州知州时，在州署后院修建的一座堂舍。

4. 蔀：用来遮蔽阳光的草席。蔀屋：屋顶覆盖着草席的茅屋。岩廊：高峻的走廊，指高大壮丽的楼宇。

5. 芬椒：把花椒用作香料。涂内壁：用花椒和泥涂抹墙壁。

6. 文杏：即银杏。饰高梁：用银杏木做房梁，形容建筑华美。

7. 贫女幸分东壁影：贫家女徐吾想借邻家妇女的烛光织布，邻家妇女不允许，徐吾说："我和你一起织布，房间里增加一个人蜡烛不会变暗，减少一个人蜡烛也不会变明亮，何必吝啬照在东墙上的余光呢？"邻家妇女听了，只好同意了徐吾的要求。

8. 幽心高卧北窗凉：上古时期的羲皇上人，夏天睡在北窗下，吹着舒适的凉风，过着无忧无虑的生活。

9. 绣阁：女子闺房，这里指女子。探春：早春郊游。丽日半笼：太阳只照到一部分。青镜色：这里指女子的妆容。

10. 碧筒香：向荷叶中注酒，再从翘曲的茎端慢慢吸饮的饮酒方式。

【点评】

"芬椒涂内壁，文杏饰高梁"对得很工致。而且，这两句话说明了古代华美建筑的一些特点：用花椒和泥涂抹墙壁，用银杏木做房梁。花椒和泥放在今天很难理解，可是在古代，贵族人家都是用花椒树的花朵所制成的粉末进行粉刷。这样一方面可以保暖，另一方面可以给室内增添香气，而且可以保护木质结构的房屋，具有防蛀虫的效果。冬天点上小火炉，暖暖的椒房内便会散发出沁人心脾的芳香。汉代有著名的椒房殿，就是因为用这种方法建造，因此得名。

庚 第八章

1

【原文】

形对貌，色对声。夏邑对周京[1]。

江云对涧树[2]，玉磬对银筝[3]。

人老老，我卿卿[4]。晓燕对春莺。

玄霜春玉杵[5]，白露贮金茎[6]。

贾客君山秋弄笛[7]，仙人缑岭夜吹笙[8]。

帝业独兴，尽道汉高能用将[9]；

父书空读，谁言赵括善知兵[10]。

【字词解释】

1.邑：国都。京：京城。

2.江云：江上的白云。涧树：山涧旁的树木。

3.磬：古代的一种打击乐器，形状像曲尺。

4.人老老：人人尊敬老人。第一个老是动词，尊敬；第二个老是名词，老人。
我卿卿：西晋大臣王衍的妻子称呼王衍为"卿"，王衍说："为什么用这个字来称呼我？"妻子说："我不卿卿，谁复卿卿？"意思是："我不用'卿'来称呼你，谁用'卿'来称呼你呀？"

5.玄霜：黑色的霜，指要捣的药。玉杵：玉做成的杵。玄霜春玉杵：传说唐代有个秀才名叫裴航，一天裴航路上遇到仙人云翘夫人，赠他一首诗，有一句是"一饮琼浆百感生，玄霜捣尽见云英"。后来裴航继续走，口渴了到一户人家讨水喝，那家的女孩就叫云英。裴航向那家的老太婆求亲，老太婆要裴航为她找一副玉杵来为自己捣药，裴航千方百计找到了玉杵，便娶了云英为妻。

6. 金茎：指铜仙人。白露贮金茎：汉武帝以为饮了仙露就可以长生不老，于是让人造了一尊高大的铜仙人，用仙人捧着的盘子收集天上降下的白露。

7. 贾客：商人。

8. 缑岭：地名，即缑山，在今河南。

9. 帝业：帝王的基业。尽道：人人都说。汉高：指汉高祖刘邦。刘邦善于用人，所以才能称霸天下。

10. 父书：父亲的兵书。空读：白白地读。赵括：战国时期赵国人，他的父亲赵奢是赵国的名将。赵括年轻时爱好兵法，他熟读父亲的兵书，谈论起兵法来滔滔不绝；但他打仗时不知道变通，最后打了败仗，自己也死在阵中。

【点评】

"人老老，我卿卿"是一组非常绝妙的对句。这两句话各有出处，"老老"出自《孟子》，"卿卿"出自《世说新语》。"老老"的意思是尊敬老人，"卿卿"的意思是爱自己的亲人，内容上相得益彰。而且，还都用了叠字的对仗方法，显得新颖独特。前面加的"人"与"我"也很合适，一个指别人，一个指自己，指称的对象是相对的。

"玄霜春玉杵，白露贮金茎"也对得很工整。"玄霜"与"白露"、"玉杵"与"金茎"，这些字词都是从典故中来的，还能对得如此工致，确实难得。为了对得更加贴切，作者改动了个别字，如用"春"字而不用典故中的"捣"字，是因为下句的第三个字"贮"是仄声，那么这里就必须是个平声字，因此，虽然"捣"字直接从典故中来，但是为了声调相对，只能用"春"。

笠翁对韵

　　最后一句用汉高祖刘邦和纸上谈兵的赵括相对，十分鲜明，而且别有趣味。刘邦因为善于用人，才最终打败了项羽，得到了天下；赵括说起兵法头头是道，但到了战场上却只知道兵书上怎么说，不懂得因地制宜。全句对仗工整，特别是一个"尽道"，一个"谁言"，意义上相反，加强了全句的语气。

2

【原文】

功对业，性对情。月上对云行。

乘龙对附骥[1]，阆苑对蓬瀛[2]。

春秋笔，月旦评[3]。东作对西成[4]。

隋珠光照乘[5]，和璧价连城[6]。

三箭三人唐将勇[7]，一琴一鹤赵公清[8]。

汉帝求贤，诏访严滩逢故旧[9]；

宋廷优老，年尊洛社重耆英[10]。

【字词解释】

1.附骥：叮附在良马的尾巴上，可以远行千里。

2.阆苑：阆风苑，在昆仑山上，是西王娘娘居住的地方。蓬瀛：蓬莱和瀛洲，是东海中的两座仙山。

3.春秋笔：即春秋笔法。孔子修订鲁国史书《春秋》时，对事件的描述表面看不露山水，但却寓褒贬于曲折的文笔之中，后人称这种手法为春秋笔法。月旦：每个月的初一。月旦评：东汉末年名士许劭、许靖两兄弟，每个月初一都会在家乡汝南评论乡党，褒贬时政，并且判断非常准确。

4.东作：指春耕。西成：指秋收。

5. 隋珠：即隋侯珠，是件有名的宝物。乘：四马一车为一乘，这里指车马。光照乘：晚上把隋珠挂在车上可以照明。

6. 和璧：即和氏璧，是块稀世珍宝。价连城：价值抵得上好几座城池。

7. 唐将：唐朝的大将，这里指薛仁贵。三箭三人唐将勇：薛仁贵英勇无敌，作战时连射三箭，射死了对方三员大将。

8. 赵公：指宋代的赵抃。一琴一鹤赵公清：赵抃为官清廉，去四川上任时，只带了一张琴、一只鹤，骑了一匹马入蜀。

9. 汉帝：指汉光武帝刘秀。严滩：汉代著名隐士严光垂钓的地方。严光与刘秀是好朋友，他积极帮助刘秀起兵，事成之后隐居富春山。刘秀即位后，多次寻访严光，请他出仕继续做官。

10. 优老：德行高尚的老人。耆英：年老有德有智的人。北宋司马光、文彦博、富弼等人因反对王安石变法而失势，这些人退居洛阳后，组织了一个以诗酒娱乐为主的"耆英会"，参加的人都是年老又有德行、才华的人。

【点评】

　　"三箭三人"一句选取薛仁贵与赵抃两个历史人物，一文一武，一英勇，一清廉，对得十分贴切。更为特别的是，作者还用了复辞法，让对仗中的数字重复出现，以加强表达效果。同时，"三箭三人"与"一琴一鹤"中，数字"三"和"一"是典故里本来就有的，应用十分得当，更加凸显出两人的特点：薛仁贵三箭三人，说明他箭法很准，英勇无敌；赵抃一琴一鹤，说明他为官清廉，没有多余的财物。末尾的"勇"和"清"两个字，也正好高度概括了这两个人的特点。

3

【原文】

昏对旦，晦对明。久雨对新晴。

蓼湾对花港[1]，竹友对梅兄。

黄石叟，丹丘生[2]。犬吠对鸡鸣。

暮山云外断[3]，新水月中平[4]。

半榻清风宜午梦[5]，一犁好雨趁春耕[6]。

王旦登庸，误我十年迟作相[7]；

刘蕡不第，愧他多士早成名[8]。

【字词解释】

1. 蓼：一种生长在水边的植物。蓼湾、花港：指花草繁茂的水边。

2. 黄石叟：名叫黄石的仙人。见六麻"桥上授书曾纳履"。丹丘生：即元丹丘，唐代著名隐士，李白的好朋友。

3. 暮山云外断：太阳下山时，白云遮住了山峦。

4. 新水月中平：平静的湖面上映出月亮的影子。

5. 半榻：榻是古代的床，半榻指一个人躺在床上。

6. 好雨：指一场及时的春雨。

7. 王旦：北宋宰相，在位十二年，为官清正。登庸：指做官。

8. 刘蕡：唐代进士，他在对策时写了一篇叫《策论》的文章，在文章中大胆抨击宦官权贵，无所顾忌。不第：科举考试中没中进士。

【点评】

"黄石叟，丹丘生"，作者别有童心地发现，黄石与丹丘的名字竟然能对得很好，第一个字都是表示颜色的字，第二个字都是表示地貌的字。把这两个名字放在一起，可以说很有趣。再加上一个是"叟"，一个是"生"，有了年纪上的对比，更显趣味。

"半榻清风宜午梦，一犁好雨趁春耕"对得非常有诗意，特别是数词和量词用得别出心裁。"清风"和"好雨"都是无法计量的，作者却用"半榻"和"一犁"来修饰，不仅不落俗套，还非常贴切，表达出无穷的意味：一个人躺在床上，感受着清风徐徐吹来，人占了床的一半空间，那陪伴着人的清风可不就是占了"半榻"吗？"好雨"落得非常及时，伴随着春耕而来，那雨水落在刚刚犁好的地里，可不就是落满了"一犁"吗？前一句怡然自得，后一句表现出喜悦的心情，如果把这个对子放在诗句里，将是一联非常好的诗。

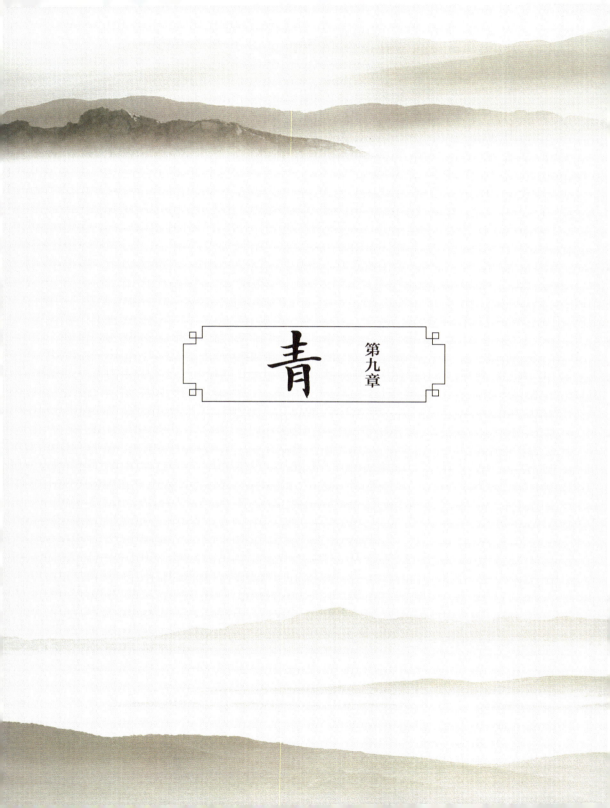

第九章　青

1

【原文】

庚对甲，己对丁[1]。魏阙对彤庭[2]。

梅妻对鹤子[3]，珠箔对银屏[4]。

鸳浴沼，鹭飞汀[5]。鸿雁对鹡鸰[6]。

人间寿者相[7]，天上老人星[8]。

八月好修攀桂斧[9]，三春须系护花铃[10]。

江阁凭临，一水净连天际碧[11]；

石栏闲倚，群山秀向雨余青[12]。

【字词解释】

1.庚、甲、己、丁：都是天干中的字。古代用天干地支纪年法，天干有十个，分别是甲、乙、丙、丁、戊、己、庚、辛、壬、癸。

2.魏阙：古代宫门两边的观楼，用来指朝廷。彤庭：皇宫的墙壁被涂成红色，代指朝廷。

3.梅妻、鹤子：北宋诗人林逋隐居在杭州西湖的孤山，他非常喜欢梅花和仙鹤，人们说他以梅为妻，以鹤为子。

4.珠箔：珠帘。银屏：镶银的屏风。

5.鸳浴沼：鸳鸯在池塘里戏水。鹭飞汀：白鹭飞上水岸。

6. 鹡鸰：一种鸟的名字，体形纤小秀丽，喜欢在草地上栖息。

7. 寿者相：长寿的人从相貌上就看得出来。

8. 老人星：天上掌管人间寿命的星宿。

9. 攀桂：折桂，指科举考试得中。八月既是桂花盛开的时节，又是举行科举考试的时节。

10. 护花铃：爱花的主人担心花草受到鸟雀损害，便将护花铃系在花枝上，如果有鸟雀飞来，护花铃就能吓走它们。

11. 这句的意思是：秋天登上江边的阁楼，远远望去，只见一条江水远远地接着天边，使天边也变为一片碧绿。

12. 这句的意思是：早晨倚靠在石栏杆上，看雨后的青山更加青翠。

【点评】

"鸳浴沼，鹭飞汀"中，鸳鸯与白鹭都是栖息在水边的鸟，"浴沼"与"飞汀"是描写它们的生活习性，一下一上，一水中一岸边，都很相对。最有特点的是，这个对子还用了同旁法，第一个字都是鸟字底，第三个字都是三点水旁，很是用心。

"八月"其实就是秋天，正好与下句的"三春"相对。"好修"与"须系"两个词用得十分恰当，在语气上都是肯定的，但又是劝告语，十分委婉。"攀桂斧"与"护花铃"对得更是别出心裁。"攀桂斧"不仅有吴刚砍桂的意思，还代指在科举考试中考取功名，因此这个"斧"是双关，不仅指砍树的斧子，也指自己的真才实学。

最后一句写景，描写了登上江边楼阁极目远眺的景色，意境优美。"江阁凭临"与"石栏闲倚"，衬托出一种怡然自得的心情。"一水"与"群山"对比鲜明，而且很有画面感：江水清澈，与天边相接，色调清新；青山被雨水洗刷，更显青翠。上下两句既是对比，又是完整的画面，两相融合。

2

【原文】

危对乱，泰对宁。纳陛对趋庭[1]。

金盘对玉箸，泛梗对浮萍[2]。

群玉圃，众芳亭[3]。旧典对新型[4]。

骑牛闲读史，牧豕自横经[5]。

秋首田中禾颖重[6]，春余园内菜花馨[7]。

旅次凄凉，塞月江风皆惨淡[8]；

筵前欢笑，燕歌赵舞独娉婷[9]。

【字词解释】

1. 陛：宫殿的台阶。纳陛：登上台阶朝见君主。趋：快走。趋庭：快步走过庭院。

2. 泛梗：漂浮在水上的木偶。浮萍：一种常见的水生植物。

3. 群玉圃：种了很多花的园子。

4. 典、型：均指法规、制度。

5. 豕：猪。横经：指读书。牧豕自横经：一边放猪，一边读书。

6. 秋首：初秋时节。颖：禾的夫端。重：指谷穗长得很饱满，垂下了头。

7. 春余：春末，正是油菜花盛开的时节。馨：香气。

8. 旅次：旅途中小住的地方。塞月江风皆惨淡：塞外的明月、江边的微风，都让人觉得非常孤独、凄凉。

9. 筵：酒席。燕歌赵舞：泛指美妙的歌舞。娉婷：舞姿优美的样子。

【点评】

"秋首田中"一句，虽然"秋首"与"春余"、"田中"与"园内"、"禾颖"与"菜花"，每个词都对得很工整，但是整句的意思显得重复、单一，没有什么特别的地方，只能算是个字面上对得中规中矩的对子。

最后一句，将旅途的孤独与宴会的欢乐放在一起，表达出截然不同的心境。"塞月江风"选取了旅途中最典型的意象——明月与江风，渲染出一种灰暗凄凉的色调；"燕歌赵舞"则用宴会中的歌舞，衬托出一种欢快明朗的气氛。两相对照，对比强烈。副词"皆"和"独"加强语气：因为内心孤独，无论看到什么，都只觉得凄凉；而因为有闲情逸致欣赏歌舞，才会对歌舞进行评判，对比孰优孰劣。

蒸　第十章

1

【原文】

苇对蓼，莆对菱。雁弋对鱼罾[1]。

齐纨对鲁绮，蜀锦对吴绫[2]。

星渐没，日初升。九聘对三征[3]。

萧何曾作吏，贾岛昔为僧。

贤人视履循规矩[4]，大匠挥斤校准绳[5]。

野渡春风，人喜乘潮移酒舫[6]；

江天暮雨，客愁隔岸对渔灯[7]。

【字词解释】

1. 弋：一种尾部系绳子的箭。罾：渔网。

2. 齐纨、鲁绮、蜀锦、吴绫：纨、绮、锦、绫是四种名贵的丝织品，齐、鲁、蜀、吴分别是其产地。

3. 九聘、三征：聘是聘请，征是征召，九和三泛指多次。均指朝廷召举布衣之士授予官职。

4. 履：鞋子，这里指走过的路。规矩：规则、礼法。这句的意思是：贤人用礼法端正自己的行为。

5. 大匠：技艺高超的人。斤：斧头。校：查对。准：古代测量水平的仪器。绳：指墨绳，木工用来弹直线的墨线。这句的意思是：量取好平直后，工匠再用斧头加工木材。

6. 酒舫：供客人饮酒游乐的船。这句的意思是：春天，人们喜欢一边乘船游春，一边举杯畅饮。

7. 客：旅居在外的人。这句的意思是：下雨的夜晚，旅居在外的游子坐在江边，隔着岸看到江面上的渔火，孤独的思绪涌上心头。

【点评】

"贤人视履循规矩，大匠挥斤校准绳"，作者将人们遵守规范礼法的行为与匠人量取平直的行为作比较，发现两者之间具有相似点：都以某种标准为依据，根据标准规范自己的行为。"规矩"和"准绳"不论是本义还是引申义，都能对得上。"规矩"原本是校正圆形和方形的两种工具，"准绳"原本是校正水平和垂直的两种工具，在现代汉语里，这两个词都引申出了"标准，法度"的意义。

最后一句描写出两种不同的场景，对比强烈：前一句写人们乘船游春、举杯畅饮的热闹场面，后一句写游子面对着江上渔火的孤独心境，与《枫桥夜泊》里"江枫渔火对愁眠"的意境相似。一个"喜"与"愁"，将这两种氛围直白地表达了出来。"春风"和"暮雨"写出自然环境，同时更加渲染了欢乐与孤独的气氛；"酒舫"与"渔灯"，虽然都是水上的交通工具，但一个是宴饮的场所，一个是孤独的打鱼船，对比也十分鲜明。

2

【原文】

谈对吐，谓对称。冉闵对颜曾[1]。

侯嬴对伯嚭[2]，祖逖对孙登[3]。

抛白纻，宴红绫[4]。胜友对良朋。

争名如逐鹿[5]，谋利似趋蝇[6]。

仁杰姨惭周不仕[7]，王陵母识汉方兴[8]。

句写穷愁，浣花寄迹传工部[9]；

诗吟变乱，凝碧伤心叹右丞[10]。

【字词解释】

1. 冉闵、颜曾：孔子有四大弟子，分别是冉有、闵子骞、颜回、曾参。

2. 侯嬴：战国时期魏国人，他是都城的守门人，魏国公子信陵君很欣赏他，后来在窃符救赵一事中，他用生命报答了信陵君的知遇之恩。伯嚭：春秋时期楚国人，吴王俘虏了越王勾践，勾践贿赂伯嚭，伯嚭就劝吴王把勾践给放了。

3. 祖逖：东晋时期人，有闻鸡起舞的故事。孙登：三国时的隐士，他独自在山上挖了个土窟居住，自给自足。

4. 白纻：白麻布织成的衣服，是古代读书人穿的衣服。红绫：指红绫饼，唐昭宗时曾赐宴新中的进士，赐给每人一块用红绫包裹的饼。

5. 逐鹿：原指争夺天下，这里指追逐名利。

6.趋蝇：像苍蝇追逐臭味一样追求名利。

7.仁杰姨惭周不仕：仁杰是指狄仁杰，周是武则天的国号。狄仁杰想劝他姨母的儿子做官，姨母却说"我不会让他为女皇帝做事，因为女人当权不合正统"，说得狄仁杰很惭愧。

8.王陵母识汉方兴：王陵跟随刘邦打天下，他的母亲被项羽抓到，项羽想让她劝降王陵。但王陵的母亲却认为刘邦能成大事，她为了坚定王陵归汉的念头便自杀了。

9.浣花：成都西郊的浣花溪，杜甫晚年曾居住在这里。寄迹：暂寄踪迹。工部：指杜甫，他曾做过工部员外郎，人称杜工部。

10.凝碧：王维因"安史之乱"获罪，他曾在狱中写下一首《凝碧池诗》寄托对皇帝的思念。皇帝后来看到这首诗，就免了他的罪。右丞：指王维。他曾当过尚书右丞，人称王右丞。

【点评】

"侯嬴对伯嚭，祖逖对孙登"，这几个历史人物虽然本身并没有什么联系，但作者别有趣味地发现，他们的名字有可以相对的地方。"侯嬴"姓"侯"，"伯嚭"姓"伯"，"侯"和"伯"在古代都是表示爵位的字，分别指侯爵和伯爵。祖逖与孙登，一个姓"祖"，一个姓"孙"，祖、孙正好又是表示辈分的字。这都属于借对。

"抛白纻，宴红绫"对得很巧妙。"白纻"与"红绫"都是一种织物，色彩对比鲜明。从隐含的意义上来说，"白纻"代指贫贱，"红绫"象征富贵。更妙的是，这两则典故都与科举考试有关：裴思谦考中进士后便"抛白纻"，而新中的进士则有机会得到红绫饼的赏赐。

"仁杰姨"一句，作者选取了两个坚贞的母亲作对比，非常有新意。武则天把唐朝的国号改为周，许多人对此采取了不合作的态度，狄仁杰的姨母就是其中的一位，她甚至不让自己的儿子给武则天做官。而王陵的母亲就更不容易了，她坚定地让自己的儿子辅佐汉王刘邦，以死拒绝了项羽的招降，表现出坚贞的气节。这两个典故本身就有可比性，字面上也对得很工整。

尤　第十一章

1

【原文】

荣对辱，喜对忧。缱绻对绸缪[1]。

吴娃对越女[2]，野马对沙鸥。

茶解渴，酒消愁。白眼对苍头[3]。

马迁修史记，孔子作春秋。

莘野耕夫闲举耜[4]，渭滨渔父晚垂钩[5]。

龙马游河，羲帝因图而画卦[6]；

神龟出洛，禹王取法以明畴[7]。

【字词解释】

1. 缱绻：纠缠萦绕。绸缪：紧密缠缚。

2. 吴娃、越女：均指美女，吴越两地自古多出美女。

3. 苍头：头发花白。

4. 莘野：莘是有莘国，莘野指伊尹隐居的地方。耕夫：指商朝的伊尹，他曾流落到有莘国，白天耕种，晚上思考国家大事。耜：一种农具。

5. 渭滨：渭水的河边。渔父：指周朝的姜太公。他六十多岁时，在渭水的河边遇见了周文王，才有了日后的成就。

6. 龙马游河，羲帝因图而画卦：传说有龙马从黄河出现，背负"河图"，伏羲根据

"河图"而创作了八卦。

7. 神龟出洛，禹王取法以明畴：传说有神龟从洛水出现，背负"洛书"，大禹根据"洛书"整理成治理天下的九类大法。

【点评】

"缱绻"与"绸缪"都是连绵词，而且这四个字偏旁都相同，组成了同旁对。更难得的是，这两个词的意义也很相近，都有缠绵的意思，简直就是天造地设的好对子。

"莘野耕夫"一句用伊尹和姜太公作对，也很贴切。伊尹和姜太公都曾过着隐居的生活，隐居的地点也能相对：一个在有莘国的田间，一个在渭水的河边。后来，两人都得到了国君的赏识，当了官，为国家的发展和繁荣做出了巨大的贡献：伊尹在任时整顿吏治，洞察民情，为商朝的强盛立下了汗马功劳，死后被奉为"商元圣"；姜太公后来辅佐武王伐纣建立了周朝，是西周的开国元勋，死后被历代皇帝封为"武圣"。动词"举"与"垂"也对得很有趣味，二者分别对应耕田和钓鱼的动作，方向上一个向上，一个向下。

2

【原文】

冠对履，舄对裘[1]。院小对庭幽。

面墙对膝地[2]，错智对良筹[3]。

孤嶂耸[4]，大江流。方泽对圆丘[5]。

花潭来越唱[6]，柳屿起吴讴[7]。

莺懒燕忙三月雨[8]，蛩摧蝉退一天秋[9]。

钟子听琴，荒径入林山寂寂[10]；

谪仙捉月，洪涛接岸水悠悠[11]。

【字词解释】

1.舄：泛指鞋。裘：皮衣。

2.面墙：面对墙壁站立，一步也迈不开。膝地：容膝之地，仅能容纳屈膝而坐，形容居室十分狭窄。

3.错智：错指西汉政治家晁错，他是个非常有智慧的人。良筹：良是西汉张良，善于出谋划策。

4.嶂：形容高险像屏障的山。

5.方泽：即方丘，古代夏至祭地的方坛。圆丘：古代冬至祭天的圆形高坛。

6.花潭：旁边开满花的深水池。越唱：越地的民歌。

7. 柳屿：种满柳树的小岛。吴讴：吴地的民歌。

8. 莺懒燕忙三月雨：三月暮春时节，燕子忙着筑巢，黄莺懒于啼唱。

9. 蛩摧蝉退一天秋：蟋蟀清明初鸣，秋分终鸣，入秋后蝉也接近了生命的末期，叫一声少一声。

10. 钟子听琴：春秋时的钟子期有一次在汉江边听到伯牙弹琴，感叹说："巍巍乎若高山，洋洋乎若江河。"因兴趣相投，两人成为至交。

11. 谪仙捉月：李白晚年有一次在采石矶饮酒赏月，醉酒后，他误把江中的月影认作月亮，跳江去捞，最后溺水而死。

【点评】

"错智对良筹"是个很有意思的对子。"智"与"筹"是一对近义词，都指计谋；"错"指晁错，"良"指张良，都是历史上善于出谋划策的人物。巧的是，"错"还有"错误"的意思，"良"还有"好"的意思，在这个意义上，二者又是一对反义词，也可以相对。看来，作者用这两个人物相对，是别有用心的。

"莺懒燕忙"与"蛩摧蝉退"描绘出不同季节里动物们的活动：黄莺和燕子都是鸟，是代表春天的动物；蟋蟀和秋蝉都是昆虫，是代表秋天的动物。之所以用"三月雨"与"一天秋"相对，而不用"三月春"，是因为"雨"是仄声，跟平声的"秋"在声调上相对。而且，这个"雨"字也用得很妙，揭示出春天最典型的特征——多雨，比"春"字用得更加有动感。

3

【原文】

鱼对鸟，鹘对鸠。翠馆对红楼。

七贤对三友[1]，爱日对悲秋[2]。

虎类狗，蚁如牛[3]。列辟对诸侯[4]。

陈唱临春乐[5]，隋歌清夜游[6]。

空中事业麒麟阁[7]，地下文章鹦鹉洲[8]。

旷野平原，猎士马蹄轻似箭[9]；

斜风细雨，牧童牛背稳如舟。

【字词解释】

1.七贤：指魏晋时期的七位名士，他们是嵇康、阮籍、山涛、向秀、刘伶、王戎及阮咸，人称"竹林七贤"。三友：指岁寒三友松、竹、梅。

2.爱日：爱惜时光。悲秋：看到秋天草木凋零而感到伤悲。

3.虎类狗：即画虎不成反类狗，画老虎不成却像狗，比喻模仿不到家反而弄得不伦不类。蚁如牛：晋朝的殷师耳朵有病，能听见床下蚂蚁爬动的声音，而且以为是两头牛在争斗。

4.辟：君主。列辟：各位君主。

5.陈唱临春乐：南朝陈后主曾经为宠妃建造临春阁，并日夜在里面嬉戏，唱《玉树后庭花》。

6.隋歌清夜游：隋炀帝在西苑游玩时喜欢唱清夜曲。

7.空中事业麒麟阁：汉宣帝为了表彰有功的大臣，曾将十一位有功之臣的画像绘在了麒麟阁上。

8.地下文章鹦鹉洲：东汉的祢衡很有才华，但他一向轻视曹操，曹操要召见他，他也不去，于是曹操便借他人之手杀了祢衡。祢衡曾写过《鹦鹉赋》，他最后死在了鹦鹉洲，被埋在了那里。这句的意思是：那曾经写了《鹦鹉赋》的祢衡，就被埋在鹦鹉洲下。

9.猎士：打猎的人。

【点评】

"陈唱临春乐，隋歌清夜游"一句，用两个亡国皇帝作对比，非常有可比性。陈后主生活奢侈，日夜与文臣、嫔妃游宴，他常唱的《玉树后庭花》成为亡国之音的代表。而在这一点上，隋炀帝与他相似，隋炀帝也是一位贪图享乐、不思进取的皇帝。作者选取隋炀帝唱清夜曲来与陈后主唱后庭花相对，表现出两位皇帝的奢靡。

"空中事业"一句在典故的选择上构思巧妙，使得句子中的每个词都对得很恰当。"空中"与"地下"在空间上相对，"事业"与"文章"都是古代能做出成就的两种方式。最妙的是"麒麟"和"鹦鹉"，两个词都是同旁的连绵词，不仅如此，在句子中还都指称地点。

最后一组对句，不仅对得很工稳，而且很有意境，展现出一幅悠闲自得的乡村生活图。"旷野平原"与"斜风细雨"，不仅这两个词相对，而且，"旷野"与"平原"、"斜风"与"细雨"也能对得上。在人物的选择上也很有意趣，"猎士"与"牧童"，让人一下子想到乡村生活。两句话虽然主题相近，却又表达出不同的气氛：上句意境开阔，节奏紧张；下句意境清新，节奏舒缓。

侵

第十二章

1

【原文】

歌对曲，啸对吟。往古对来今。

山头对水面，远浦对遥岑。

勤三上，惜寸阴²。茂树对平林。

卞和三献玉³，杨震四知金⁴。

青皇风暖催芳草⁵，白帝城高急暮砧⁶。

绣虎雕龙，才子窗前挥彩笔⁷；

描鸾刺凤，佳人帘下度金针⁸。

【字词解释】

1.浦：水边或河流入海的地区。岑：小而高的山。

2.勤三上：三上为马上、枕上、厕上，指抓紧时间读书。惜寸阴：珍惜短暂的时间。

3.卞和三献玉：春秋时期，楚国人卞和寻得一块璞玉，献给了楚厉王，楚厉王却说这玉是一块石头，以欺君之罪砍断了卞和的一只脚。后来，楚武王即位，卞和又把璞玉献给了楚武王，楚武王以欺君之罪又砍断了卞和的另一只脚。到楚文王即位后，卞和抱着玉在荆山下哭泣，楚文王派人问是怎么回事，并让工匠剖开玉石检验，果然是块美玉，楚文王便给它命名为"和氏璧"。

4.杨震四知金：东汉杨震为官清廉，一次，昌邑县令王密晚上给杨震悄悄送来黄金，杨震批评他不应该这样做，王密辩解说："深夜没有人会知道。"杨震却说："天知，神知，我知，你知，怎么会没有人知道呢？"说得王密很惭愧地回去了。

5.青皇：即青帝，是百花之神，这里代指春天。

6.白帝城：在重庆市奉节县。砧：捣衣石，这里指赶制御寒的衣服。

7.绣虎雕龙：比喻文章辞藻华丽。彩笔：即五色笔，才子江淹所用的笔。

8.度金针：指女子刺绣。

【点评】

"往古对来今"本应该是"古往对今来"，这里把顺序颠倒，是为了押"十二侵"的韵。这种为了押韵而调换顺序的方法，作者经常运用，不过在实际作对中，我们并不提倡这种做法。因为作者写这些对句是受了很多限制的，有韵部的限制，也有每段句数的限制，因此并不能挥洒自如。而实际作对中并没有这么多限制，因此还是应该以内容为主，不能因为形式而损害了意义。

最后一句以"才子"与"佳人"的日常活动相对，"窗前"与"帘下"、"挥彩笔"与"度金针"，都对得很工整。其中，动词"挥"和"度"用得很好，不仅精确描写了动笔写文章与穿针引线的动作，还恰当地表现出了才子的文思泉涌和佳人的心思细腻；只是前面四个字对起来有点生硬，"描鸾刺凤"用来描写刺绣十分合适，而"绣虎雕龙"虽然与"描鸾刺凤"字字相对，但用来指写文章还是有些牵强。

2

【原文】

登对眺¹，涉对临²。瑞雪对甘霖³。

主欢对民乐，交浅对言深⁴。

耻三战，乐七擒⁵。顾曲对知音⁶。

大车行槛槛⁷，驷马聚骎骎⁸。

紫电青虹腾剑气⁹，高山流水识琴心¹⁰。

屈子怀君，极浦吟风悲泽畔¹¹；

王郎忆友，扁舟卧雪访山阴¹²。

【字词解释】

1.眺：从高处往远处看。

2.涉：从水里走过。临：到来。

3.瑞雪：应时而下的好雪。甘霖：久旱之后的及时雨。

4.交浅：交情一般。言深：跟没有深交的人深谈。

5.耻三战：秦军围攻邯郸时，平原君到楚国搬救兵，毛遂出场后列举了楚国深以为耻的三场战事，最终成功说服了楚王发兵救赵。乐七擒：三国时，诸葛亮南征，七次生擒叛军首领孟获又七次释放，最终使其诚心归顺。

6.顾曲：三国时的周瑜精通音乐，演奏的人只要弹错了曲音，周瑜一定能听出来，而且还要回头看演奏者一眼，因此当时就有"曲有误，周郎顾"的说法。知音：懂得音乐内涵的人，引申为知心朋友。

7. 大车：古代载重的牛车。槛槛：车走的时候发出的声音。

8. 驷马：由四匹马拉的车。骎骎：跑得很快的样子。

9. 紫电、青虹：宝剑名。

10. 识琴心：能听出琴声里所传达的志向。

11. 屈子：指屈原。极浦：遥远的水边。这句的意思是：屈原思念楚王，就在那遥远的水边吟诵悲哀的诗句。

12. 王郎：指东晋名士王徽之。山阴：县名，今浙江省绍兴县。这句的意思是：王徽之看着大雪，忽然想念起朋友，于是便乘着小船去拜访他。

【点评】

"耻三战，乐七擒"对得非常绝妙。这两个典故都与打仗有关，而且都是打了多次败仗，因此成为历史上的著名事件。作者别具慧心地发现了两个典故之间的这一相似点，"三战"与"七擒"对得很贴切。而且，前面各加上一个"耻"字和一个"乐"字，不仅对仗工整，而且恰当地形容了这两个典故。

"紫电青虹"一句分别以剑与琴相对，非常合适。这两件东西都是古人所爱，一个代表豪侠仗义，一个代表多才多艺。前四个字，作者用了相关的典故修饰剑和琴这两个中心词，以"紫电青虹"衬托宝剑的光芒，以"高山流水"形容琴声的悠扬。而在最后，作者又各补充了一个画龙点睛的字——剑后用"气"，因为一把宝剑最特别的地方在于能发出一种剑气；琴后用"心"，说明琴声能表达人的内心情感。上下两句不仅对仗，而且意脉连贯。

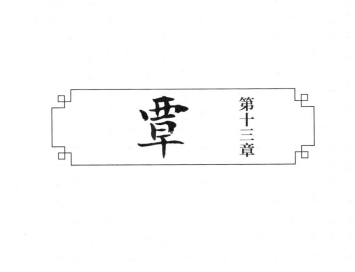

第十三章
覃

1

【原文】

宫对阙，座对龛[1]。水北对天南。

蜃楼对蚁郡[2]，伟论对高谈。

遴杞梓，树梗楠[3]。得一对函三[4]。

八宝珊瑚枕，双珠玳瑁簪。

萧王待士心惟赤[5]，卢相欺君面独蓝[6]。

贾岛诗狂，手拟敲门行处想；

张颠草圣，头能濡墨写时酣[7]。

【字词解释】

1. 座：底座。龛：供奉神佛的小阁。

2. 蜃楼：在海边或沙漠地区，由于水气折射而形成的幻景。蚁郡：出自传奇小说《南柯太守传》，讲的是一个人在一棵槐树下睡着了，梦见两个使者，说是奉槐安国王之命来邀请他去当太守，等他醒来时才发现，原来只是一场梦。而所谓的槐安国不过是槐树下的一个蚁洞。

3. 遴：谨慎地选择。杞、梓：两种优质的木材，比喻优秀的人才。遴杞梓：比喻选拔人才。树：种植、培养。梗、楠：两种优良的木材。树梗楠：比喻培养人才。

4. 得一："一"是道家的概念，指一种道。函三：《易》是儒家经典之一，东汉经学家郑玄曾说"易"有三个意思，所以这里说"函三"。

5.萧王待士心惟赤：萧王指刘秀，他以前被封为萧王。刘秀待人宽厚，很多人甘于为他效力。后来刘秀起兵，自建东汉王朝，经过十二年的征战，完成统一大业。

6.卢相欺君面独蓝：卢相指唐代的卢杞，他相貌丑陋，面色发蓝，为人阴险狡诈。

7.张颠：张旭，唐代书法家，以草书成就最高，人称"草圣"。张旭常常饮酒后呼号狂走，落笔成书则变化无穷，如有神助，甚至能用头发蘸墨来书写，因此得了"张颠"的称号。

【点评】

"蜃楼对蚁郡"对得很好，这两个词的第一个字都是一种动物，第二个字都是一种建筑的名称，而且，组成词之后还具有相同的意义：都含有虚幻的景象的意思。因此，无论从字面上，还是从深层含义上，都有可比性。

"八宝珊瑚枕，双珠玳瑁簪"用两件精美的饰品来对仗，对得十分周严。"八宝"与"双珠"第一个字都是数词，"珊瑚"与"玳瑁"都是同旁的连绵词，而"枕"与"簪"都是人们日常生活用的东西，对得十分整齐。

最后一组对句，用写诗和写书法这两个文人活动来对比，很有新意。在这两个领域中，曾经产生过许多特立独行的人，其中，苦吟的诗人贾岛和癫狂的书法家张旭，就是最有代表性的两位人物。这两个人一个写诗，一个写字，一个推敲，一个癫狂，用来对比，意趣十足。而且，作者还精心捕捉到了他们能相对的点，那就是他们的手和头，这样对起来就更工整了。

2

【原文】

闻对见，解对谙¹。三橘对双柑²。

黄童对白叟³，静女对奇男⁴。

秋七七，径三三⁵。海色对山岚。

鸢声何哕哕⁶，虎视正眈眈⁷。

仪封疆吏知尼父⁸，函谷关人识老聃⁹。

江相归池，止水自盟真是止¹⁰；

吴公作宰，贪泉虽饮亦何贪¹¹。

【字词解释】

1. 解：明白。谙：熟悉。

2. 三橘：即三橘酒，用青橘叶、青橘皮和橘核泡的药酒。双柑：即双柑斗酒，指春天外出游玩。

3. 黄童：孩子，小孩的头发偏黄。白叟：老人。

4. 静女：仪态端庄的少女。奇男：奇异不凡的男子。

5. 秋七七、径三三：均指花。南宋诗人杨万里在家中花园里开辟了九条小路，分别种植江梅、海棠、桃、李、橘、杏、红梅、碧桃、芙蓉九种花木，并命名为三三径。与其同朝为官的周必大到杨万里家做客，写下诗句："回环自辟三三径，顷刻能开七七花。"

6.鸾：指车上的金铃。哕哕：有节奏的铃声。

7.眈眈：注视的样子。虎视正眈眈：像老虎那样凶狠地盯着。

8.仪：春秋时卫国的一个地名。封疆吏：主管边境的官员。知尼父：理解孔子。仪封疆吏知尼父：孔子周游列国时，卫国守仪地的官员来拜见孔子，见过后便对孔子的弟子说："你们不必为孔子丧失官位而担忧，天下已经很久没有德政了，上天将让他来宣扬大道。"

9.函谷关人：指春秋时期把守函谷关的关令尹喜。老聃：即老子。函谷关人识老聃：老子曾辞官从洛阳西行，途经函谷关时遇到了尹喜。尹喜看到滚滚紫气从东而来，预示着将有圣人过关，果然不久后，老子便骑着青牛而来。

10.江相：指南宋名臣江万里，他因年老多病而退隐饶州。止水：元军攻破襄樊时，江万里在后园中所凿池塘的名字。真是止：饶州城被攻破后，江万里果然投水自尽。

11.吴公：指东晋名臣吴隐之，为官清廉。贪泉：泉水名，传说人喝了贪泉的水就会变得贪婪。亦何贪：传说吴隐之调任广州刺史，听说贪泉之事后便故意喝了贪泉水，可他为官依然廉洁自守，并没有受到贪泉的影响。

【点评】

前文说过，在数字对中经常出现"三"，是因为"三"在古代有着丰富的内涵，经常用来虚指。而"秋七七，径三三"中，"三三"倒是实指，因为真的有九条小路，"七七"却是虚指，因为不可能开出四十九种花，只是一种夸张的说法，形容花开绚烂的景象。

"仪封疆吏知尼父，函谷关人识老聃"用孔子和老子作对比，对得很妙。他们一个是儒家学说的创始人，一个是道家学派的创始人，都被尊为圣人，都对中国的文化有着深远的影响。因此，把他们放在一起对比是很好的对仗材料。不过，要选择什么样的事迹相对呢？作者有心地发现，两位圣人最初从不知名到被人所了解，这个过程是十分相似的。从这个角度来作对比，自然而不生硬。

最后一句比较特别，"止水自盟真是止"与"贪泉虽饮亦何贪"，以"止""贪"二字开头，又以"止""贪"二字结尾，使对句呈现一种文字和音韵上的美感。而且，这两个相同的字还能与典故联系起来，这就更考验作者功力的深厚了："止水"与人生的止步相联系，"贪泉"与做官的清廉相联系，都十分巧妙。更妙的是，前一句是肯定语气，后一句"虽饮亦何贪"转为否定的语气，两相对照，别有意趣。

盐　第十四章

1

【原文】

宽对猛，冷对炎。清直对尊严。

<u>云头</u>对<u>雨脚</u>[1]，<u>鹤发</u>对<u>龙髯</u>[2]。

<u>风台谏</u>，<u>肃堂廉</u>[3]。<u>保泰</u>对<u>鸣谦</u>[4]。

五湖归范蠡，三径隐陶潜。

<u>一剑成功堪佩印</u>[5]，<u>百钱满卦便垂帘</u>[6]。

<u>浊酒停杯</u>，<u>容我半酣愁际饮</u>[7]；

<u>好花傍座</u>，<u>看他微笑悟时拈</u>[8]。

【字词解释】

1. 云头：高空的云。雨脚：指像线一样一串串密密连接着的雨点。

2. 鹤发：白发。髯：胡须。

3. 风：即讽，讽谏。台谏：台谏是台官和谏官的合称，台官是监督官吏的官员，谏官是讽谏君主的官员。肃：严正、庄重。堂廉：堂是高大的房子，廉是厅堂的侧边，堂廉合用泛指殿堂，或者代指朝廷。

4. 保泰：永葆平安。鸣谦：保持虚心。

5. 一剑成功堪佩印：战国时期的苏秦背着一把宝剑周游列国，说服了齐、楚、燕、赵、韩、魏六国合纵抗秦，身佩六国相印。

6. 百钱满卦便垂帘：西汉道学家严君平隐居在成都，靠占卜为生，每天赚得百钱足以自养便垂下帘子，讲授《老子》。

7. 浊酒：很差的酒。半酣：喝酒喝到半醉的时候。

8. 好花傍座，看他微笑悟时拈：大梵天王进献金婆罗花，佛祖从中拈起一朵展示给众弟子看但却不发一言，惟有大弟子摩诃迦叶领会了其中奥妙，面露微笑，佛祖便将微妙法门传给摩诃迦叶。

【点评】

"风台谏，肃堂廉"中，"台谏"与"堂廉"有一个共同的特点：这两个词分开来都各有所指，合起来又可以作为某种事物的泛称。如"台"指台官，"谏"指谏官，"台谏"泛指官员；"堂"是正厅，"廉"是侧厅，"堂廉"泛指殿堂或者朝廷。而且，这四个字都与朝廷有关，字面上对得也很工整。

"一剑成功"中，最妙的是"一剑"与"百钱"的对仗。这两个词都是"数词 + 量词"的结构，字面上工整自然不必说，妙就妙在意义上："一"虽然数量上很少，表达的却是苏秦功绩很大的意思，只用了一把宝剑就说服了六国；"百"虽然数量上很多，表达的却是严君平知足常乐，过着清贫生活的意思。两个词无形中形成了意义上的对比，而虚词"堪"和"便"，一方面加强了这种对比的语气，另一方面也使上下两句连为一体，一气呵成。

2

【原文】

连对断，减对添。淡泊对安恬。

回头对极目[1]，水底对山尖。

腰袅袅，手纤纤[2]。凤卜对鸾占。

开田多种粟[3]，煮海尽成盐。

居同九世张公艺[4]，恩给千人范仲淹[5]。

萧弄凤来，秦女有缘能跨羽[6]；

鼎成龙去，轩臣无计得攀髯[7]。

【字词解释】

1. 极目：极力眺望远方。

2. 袅袅：苗条纤细的样子。纤纤：细长柔软的样子。

3. 开田：开垦农田。粟：谷子。

4. 张公艺：北齐人，后经历北周、隋、唐四代，活了九十九岁。张公艺是我国历史上治家有方的典范，他以"忍、孝"治家，九代同居仍能和睦相处。

5. 范仲淹：北宋著名的政治家、思想家和文学家。他幼年时贫困好学，当官后清正廉洁，注重农桑，减轻农民的徭役。他曾在《岳阳楼记》中写道："先天下之忧而忧，后天下之乐而乐。"

6.萧弄凤来：指萧史和弄玉在凤台上吹箫，引来了凤凰和龙，最终两人乘龙跨凤飞上天去的故事。

7.轩：指黄帝轩辕。黄帝为了炼制丹药给百姓治病，开采首山的铜矿，在荆山上铸了个鼎。鼎铸成后，有龙飞来接黄帝升天。跟随黄帝骑上龙身的群臣有七十多人，其余的人只好从下面抓住龙的胡须，结果把龙须都给拔掉了。

【点评】

《笠翁对韵》中与农业生产有关的对子很少，"开田多种粟，煮海尽成盐"便是一例，因此会让人觉得眼前一亮。"粟"与"盐"都是日常生活中必不可少的食物，它们的生产方式不尽相同，一个是在陆地平原上开垦，一个是在海边晒制，也就是所谓的"开田"和"煮海"，在地点上形成了对比。

古人崇尚修身、齐家、治国、平天下，这四个境界一个比一个开阔，"居同九世"一句就是从齐家与治国两方面来讲的。上一句讲齐家，拿治家有方的张公艺来做对比；下一句讲治国，拿关爱百姓的范仲淹来作对，选取的历史人物都非常典型。而且，只有先"齐家"，才能"治国"，因此两句的顺序不能颠倒，因为这两句不是并列的关系，而是更进一层。

最后一句提到了萧史和弄玉的典故，这已经是作者第三次运用这个典故了。"萧弄"与"鼎成"是借对，"萧弄"原本是两个人的姓氏，为了与"鼎成"相对，一个借为名词，一个借为动词。在萧史和弄玉的典故中，两人纷纷成仙，乘龙跨凤飞到了天上，这里只提到"凤来"，是为了与下句的"龙去"相对。

3

【原文】

人对己，爱对嫌。举止对观瞻¹。

四知对三语²，义正对辞严³。

勤雪案，课风檐⁴。漏箭对书笺。

文繁归獭祭⁵，体艳别香奁⁶。

昨夜题梅更一字⁷，早春来燕卷重帘。

诗以史名，愁里悲歌怀杜甫⁸；

笔经人索，梦中显晦老江淹⁹。

【字词解释】

1. 观瞻：站在高处四下眺望，也指显露于外的形象。

2. 四知：天知、地知、你知、我知。三语：晋朝的阮修研究《周易》《老子》很有名望，有一次，太尉王衍问他儒家与道家的区别，阮修回答说："将无同。"意思是，恐怕没有什么两样吧。王衍对他的回答很满意，便召他做了掾，就是幕僚。后人因为他只说了三个字就做了官，所以叫他"三语掾"。

3. 义正：理由正当充足。辞严：措辞严正有力。

4. 勤雪案：在落了雪的案上也要勤奋学习。课风檐：在刮风的屋檐下也要好好做功课。

5. 獭祭：獭是水獭，水獭抓到鱼不会立刻吃掉，而是把鱼整齐地排列在岸边，如同陈列祭祀的供品一般。后人把写文章喜欢引用典故的做法叫作"獭祭"。

6. 体艳：文章写得艳丽。香奁：女子的梳妆盒。也指艳丽的诗风，称为"香奁体"。

7. 昨夜题梅更一字：唐代诗人齐己写了一首《早梅》诗，其中有"前村深雪里，昨夜数枝开"一句，但诗人郑谷把"数枝开"改为"一枝开"，显得更为妙绝，齐己大为佩服，称郑谷为"一字师"。

8. 诗以史名：杜甫诗由于深刻反映了当时的社会现实，被称为"诗史"。

9. 笔经人索：这里用的是江淹江郎才尽的典故。这句的意思是：江淹梦中得到五色笔，因此能写得一手好文章；而被人从梦中要回五色笔后，江淹似乎就变老了，失去了文采。

【点评】

"昨夜题梅"一句中最妙的是"一"与"重"的对仗。"一"既是数字，又是所引典故的核心，所以不能改成别的字，只能在下句的相同位置上用数字来相对。可下句中，此处又不能用数字来对，不能说"卷一帘"或"卷二帘"，所以，作者用了一个"重"字。虽然不是数字，却隐含了数字的意思，而且意思上也说得通，十分巧妙。

最后一组对句，用杜甫和江淹两个人作对，他们的名字一个是叠韵，一个是同旁，颇有特色。但是，在字词的对仗上却显得比较普通，并不出彩。上句"诗以史名"是说杜甫的诗深刻反映了当时的社会现实，"愁里悲歌"是杜甫写诗的风格，整句的意思还很连贯。与之相对的，下句的"笔经人索"与"梦中显晦"就显得比较生硬了，一是字面上对得不严密，二是意思上也比较费解，不够直白。

咸　第十五章

1

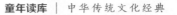

【原文】

栽对植，薙对芟¹。二伯对三监²。

朝臣对国老³，职事对官衔。

鹿麌麌，兔毚毚⁴。启牍对开缄⁵。

绿杨莺睍睆⁶，红杏燕呢喃。

半篱白酒娱陶令⁷，一枕黄粱度吕岩⁸。

九夏炎飙，长日风亭留客骑⁹；

三冬寒冽，漫天雪浪驻征帆¹⁰。

【字词解释】

1.薙、芟：都指拔除野草。

2.二伯：指西周初年，掌管国政的两位重臣周公和召伯。三监：武王伐纣后，让自己的弟弟管叔、蔡叔和霍叔安抚殷民、监视武庚，称为三监。

3.朝臣：在朝的大臣。国老：退休的大臣。

4.麌麌：聚集起来的样子。兔毚毚：狡猾的兔子。

5.牍：古代写字用的木片。缄：书信。启牍、开缄：均指打开信件。

6.睍睆：形容明亮美好的样子。

7.陶令：指东晋诗人陶渊明。

8.一枕黄粱：指卢生黄粱一梦的故事。吕岩：神话传说八仙里的吕洞宾，也就是"一枕黄粱"里的仙人吕翁。这句的意思是：仙人吕翁只用了一枕黄粱梦就把卢生给点化了。

9.九夏：夏天最热的时候。炎飙：炎热的风。长日风亭留客骑：旅客都躲在亭子里不出来。

10.三冬：冬天最冷的时候。寒冽：寒冷。漫天雪浪驻征帆：漫天的大雪和水上的大浪，让要出行的帆船都不敢出行。

【点评】

"朝臣对国老"对得很工整，二者都是指官员，朝臣是指仍在位上的大臣，国老则是指已经退休的官员。"职事"与"官衔"，这两个词既有联系，又有区别。有职事不一定有官衔，同样，有官衔也不一定有职事。有的人也许做着很高的官，但管的事可能很少。像这种同中有异的对仗，相似中又富有变化，不会让人觉得很呆板。

"半篱白酒"一句中，"白酒"与"黄粱"无论从颜色还是组词方式还是意义上，都对得十分合适。只是，"一枕黄粱"的主人公是卢生，本该是"一枕黄粱度卢生"，这里作者为了押"十五咸"的韵，却用点化卢生的吕岩来相对，让人觉得不够严密。

2

【原文】

梧对杞，柏对杉。夏濩对韶咸[1]。

涧瀍对溱洧[2]，巩洛对嵩函[3]。

藏书洞，避诏岩[4]。脱俗对超凡。

贤人羞献媚[5]，正士嫉工谗[6]。

霸越谋臣推少伯[7]，佐唐藩将重浑瑊[8]。

邺下狂生，羯鼓三挝羞锦袄[9]；

江州司马，琵琶一曲湿青衫[10]。

【字词解释】

1. 夏、濩、韶、咸：指尧、舜、禹、汤时期的四种古乐名，泛指雅正的古乐。

2. 涧、瀍、溱、洧：涧水、瀍水、溱水、洧水，古代的四条河流。

3. 巩洛：位于洛水之间的巩县。嵩函：嵩山和函谷关。

4. 避诏岩：五代宋初著名隐士陈抟躲避宋太祖和宋太宗征诏的地方。

5. 贤人：有德行的人。羞：耻于。献媚：卑贱地讨好、恭维别人。

6. 正士：正直的人。嫉：憎恨。谗：在别人面前说陷害某人的坏话。

7. 少伯：即春秋时期越国大夫范蠡，字少伯。他曾跟随越王勾践赴吴国当人质，三年后回到越国，帮助越王奋发图强，最终灭了吴国。

8. 浑瑊：唐朝名将，是北方铁勒族浑部人，因此称为藩将。他战功卓著，从平定安史之乱到防御吐蕃之战，都立下了赫赫战功，为唐王朝的稳定与安宁做出了巨大贡献。

9. 邺下：曹操的辖地。狂生：即祢衡。羯鼓：源于羯族的一种用公羊皮蒙鼓面的鼓。三挝：即《渔阳三挝》，祢衡击鼓骂曹操时演奏的曲目。锦袄：代指曹操。

10. 江州司马，琵琶一曲湿青衫：唐朝诗人白居易被贬江州司马，他在江边送别友人时偶遇琵琶女，创作出了传世名篇《琵琶行》。

【点评】

"夏濩对韶咸"、"涧瀍对溱洧"以及"巩洛对崤函"，不仅各自是二字对，相互之间还能形成五字对。夏、濩、韶、咸都是上古时期音乐的名字，涧、瀍、溱、洧都是古代河流的名称，而巩、洛、崤、函又都是古代的地名，相互之间都是并列的关系。

最后一句对得非常巧妙。"邺下狂生"与"江州司马"用地名点明故事的主人公，"羯鼓"与"琵琶"都是乐器，而且都是从塞外传来的乐器。一个粗犷，一个细腻，正好与上下两句的基调相呼应。"三挝"与"一曲"也很妙，不仅用了数词作对，而且还都与典故有关，"三挝"指祢衡演奏的曲目《渔阳三挝》，"一曲"指琵琶女弹奏的曲子。"锦袄"与"青衫"都是穿的衣服，虽然不那么严密，但在这里能对上已经很好了。而且，《琵琶行》中有"江州司马青衫湿"的名句，最后一句就是化用了这句诗，显得十分自然。整句对得十分工整，且没有脱离典故。

3

【原文】

袍对笏，履对衫。匹马对孤帆。

琢磨对雕镂[1]，刻画对镌镵[2]。

星北拱，日西衔[3]。卮漏对鼎镵[4]。

江边生桂若，海外树都咸[5]。

但得恢恢存利刃[6]，何须呐呐达空函[7]。

彩凤知音，乐典后夔须九奏[8]；

金人守口，圣如尼父亦三缄[9]。

【字词解释】

1. 琢磨：雕琢打磨（玉石）。雕镂：雕刻。

2. 刻画：雕刻绘画。镌镵：雕凿。

3. 拱：环绕。星北拱：北极星高高地悬挂在天空中，群星四面环绕，比喻受众人拥戴的人。日西衔：太阳快要落山了，比喻人到老年或事物走向衰败。

4. 卮漏：有漏洞的盛酒器。镵：刺、凿。鼎镵：把名字刻在上面的鼎。

5. 桂若、都咸：两种植物，桂若即桂树，都咸即都咸子。

6. 恢恢：宽阔广大。存利刃：庖丁解牛十九年，对牛的构造十分了解，技术也非常纯熟。当他全神贯注运刀时，狭小的牛骨节间隙相对于薄薄的刃片来说，却是十分宽绰的。

7. 咄咄：即咄咄怪事，形容不合常理、难以理解的怪事。达空函：寄了封空信出去，比喻做事过分小心反而会出错。晋朝的殷浩在给桓温回信时，因为担心言语不妥当，就把封好的信拆开来重新检查，看完后再封好，如此反复封拆数十次，最后竟然只寄了封空函出去，结果惹得桓温很不高兴。

8. 乐典：指舜乐《萧韶》。后夔：舜帝时掌管音乐的官员。九奏：《萧韶》连续演奏九章时，凤凰和百兽也跟着起舞，指高雅的艺术可以上通神灵。

9. 尼父：即孔子。三缄：即三缄其口，在嘴上贴了三道封条，形容说话谨慎。孔子参观周朝太庙时，看到台阶前立着一个铜人，铜人的嘴上贴了三道封条，背面刻有铭文，告诫人们说话慎重小心，孔子觉得很有道理，便让弟子们遵照执行。

【点评】

"星北拱，日西衔"对得很妙。首先，这两句描述的是两种天文现象——北极星被众星围绕，太阳从西边落下，是自然界中最正常不过的事。动词"拱"和"衔"生动地表现出这种自然现象。而映射到现实中，还有更深的一层含义：有些事物呈上升趋势，被人们拥戴，就像北极星一样；有些事物却走向衰败甚至灭亡，就像落日一样。短短六个字，却揭示出事物的发展规律，同时也揭示出人们对待事物的两种不同的态度，颇有哲理。

后面几句对得都比较普通，"卮漏"与"鼎镬"是两类不同的事物，字面上对得也不工整。"桂若"与"都咸"虽然都是植物，但字面上没有任何关联。"但得恢恢存利刃"与"何须咄咄达空函"字面上倒是对上了，但前后两句的意义并不相关，给人一种为了凑对子而作对的感觉。最后一句中，"知音"与"守口"、"乐典"与"圣如"也对得十分勉强。